日米地位協定の現場を行く
――「基地のある街」の現実

山本章子
Akiko Yamamoto
宮城裕也
Hiroya Miyagi

岩波新書
1928

はじめに

「大学はどちら?」

「沖縄県にある沖縄国際大学というところです」

「ええっと……」

「ヘリが落ちた大学、といえば分かりますか?」

「……ああ、そういうニュースありましたね」


私(宮城)は大学卒業後、二〇一一年に新聞記者になり、生まれ育った沖縄県を離れた。沖縄県外で取材する中で知り合う人に自分のことを聞かれたとき、自己紹介の「つかみ」のつもりで、しばしばそんなやりとりをしている。半分はブラックジョークとして伝えているが、冗談では片付けられない出来事だった。

二〇〇四年八月一三日午後二時過ぎ、米軍普天間飛行場(沖縄県)所属の輸送ヘリが、基地に隣接する沖縄国際大学に墜落し炎上した。機体は校舎の一棟に激突し爆発炎上、墜落の衝撃で飛び散った機体の破片が周囲の民家などに突き刺さるなどの被害が出た。大学は夏季休業中だったため、奇跡的にも学生や大学関係者など民間人の死傷者はでなかった。

高校二年生だった私は、偶然にも墜落現場から約五〇〇メートル先の交差点を通りがかり、校舎の方向から黒煙が立ち上がるのを目の当たりにした。高校で部活が一緒だった先輩がその大学に通っており、体育館で部活をしていると聞いていた。身近な人の命の危機に直面し、真剣にその身を案ずるのは初めての経験だった(その日に部活はなく、先輩は大学にいなかった)。同時に、ヘリの進行方向が少しでもずれていたら自分がいた場所に落ちていたかもしれない、そう思うとぞっとした。

いつの間にか、どこからともなく駆けつけた米兵が自分のいる交差点に規制線を張り、民間人が立ち入れないように、にらみを利かせていた。米軍が被害状況を調べ、墜落した機体を搬出するためだった。

米軍は事故の加害者だ。にもかかわらず、加害者が被害者を閉め出して事故現場をいじくり回し、「証拠」を回収するような光景に目を見張った。後になって、関係者のみならず、事故原因を捜査する警察ですら大学に一切入ることができなかったと知った。民間地で起きた墜落事故にもかかわらず、日本の捜査機関ですら入ることを拒むことができる米軍という存在はいったい何なのか。なぜ沖縄で、日本で、このようなことがまかり通るのか。困惑と激しい違和感を抱いた。

沖縄国際大学ヘリ墜落事故における米軍の行動は、在日米軍の地位を取り決めた「日米地位協定」や、一部の日米当局者だけで決めた協定を骨抜きにした取り決め「合意議事録」に基づくものだ。日米地位協定第一七条は、基地外での米軍事故・犯罪の捜査について米軍は「必ず日本国の当局との取極に従う」と規定しているが、日米地位協定合意議事録には、日本当局が米軍の財産について「捜索、差押え又は検証を行なう権利を行使しない」と明記されている。墜落を目撃した当時は、そのような難しい取り決めがあることなど知らなかった。だが、事件や事故があれば日本の警察などが対応するという当たり前のことが、米軍が絡むと通用しなくなるという状況が日本にある、この事実に得体の知れない何か気味の悪いものを感じていた。この事故は私にとって日米地位協定の原体験であり、基地問題について向き合う契機となった。

2004年8月16日，クレーンでつり上げられる沖縄国際大学に墜落したCH53Dの機体後部

思えば、偶然にも墜落現場に居合わ

せた一七歳まで、基地問題について向き合うことがなかった。普天間飛行場が所在する宜野湾市で生まれ育ち、市街地のど真ん中を基地が占め、集落上空は常に米軍機が飛んでいるにもかかわらず。

生まれたときから基地がすぐそこにあり、自分の頭上を米軍機が飛ぶことは当たり前のことだった。確かに米軍機が飛行する音はうるさいとは思ったが、なぜこうしたうるさいものが自分の住む場所にあるのか、ということにまで気が向かなかった。幼い頃は、年に一度入ることができた嘉手納基地（嘉手納町など）のカーニバルで食べられるアメリカンサイズのピザに興奮し、基地内で実施していたマラソン大会に出たこともある。

私が沖縄で過ごす中で最も社会問題になった基地の話題といえば、普天間飛行場の返還問題だろう。一九九五年の米兵三人による少女暴行事件を機に県民の怒りが高まり、日米両政府が普天間飛行場の返還に合意した。小学二年生だった私には、このときの一連の世の中の動きの記憶がない。事件を受け、日米両政府が返還を決めた普天間飛行場はその後、県内に代替施設を造ることが条件となった。紆余曲折を経て、名護市辺野古のキャンプ・シュワブ沿岸部への県内移設の是非をめぐり、いまでも沖縄中が揺れている。他にも、例えば米軍機の部品落下やキャンプ・ハンセン（金武《きん》町など）の実弾射撃訓練による山火事など、米軍による事件事故は報道などで見聞きしていた。「米軍は危ないな」「何か大変なんだな」と思っていたが、思考がそこから先に進むことはなかった。基地問題より部活や友人関係など、自分の生活の範囲のことで頭がいっぱいの普通の学生だった。

目の前でヘリが落ちたことで初めて、自分や身近な人の命の危険を感じ、日本の法律さえ守られない状況が自分の生活の延長線上にある、それが基地問題だと知らされた。「異常な日常」を過ごしているという現実を突きつけられた。

ヘリが墜落するより前から、新聞記者という仕事に憧れを抱いていた。中学校の授業の一環で地元紙の関連会社のタウン紙を訪問し、記者と一緒に取材させてもらった原稿が紙面に載り、周囲から反響をもらったことに感動したからだ。自分が見聞きしたものを書いて多くの人に伝えたい。そんな漠然とした思いを抱いていた。沖縄国際大学ヘリ墜落事故を機に、自分の足もとにある米軍基地のことを知らないといけないと思った。そして、沖縄の基地問題を全国で考えてもらえるような記事を書く記者になりたいと考えた。

ヘリが落ちた沖縄国際大学に入学して基地問題を学び、二〇一一年一一月に毎日新聞社に入社した。毎日新聞を含む全国紙の多くは、新人記者は全国各地の地方都市に配属されるのが習わしで、私は青森支局に配属された。支局のある県都・青森市から約六〇キロ東南の太平洋沿いには米軍三沢基地があり、青森支局にいた約五年半の間、事件事故や行政など普段担当する業務の合間に基地のある三沢市に通い続けた。三沢基地については第2章で詳しく紹介するが、基地を抱える自治体や基地周辺住民の考えや状況には沖縄との違いがあったものの、基地があるがゆえに起きる問題は沖縄と多くの共通点があり、その根幹には日米地位協定の問題があった。二〇一七年から取材の基軸を九州に移し、九州の防衛の現場を歩いても、同じことを感じた。

青森や九州、沖縄を中心に基地取材を進め、記者歴一〇年目を迎えた二〇二一年一月、沖縄県宜野湾市の実家に家族を連れて帰省した。昼間、実家の庭先で遊んでいた当時三歳の長男が、上空を飛ぶ普天間飛行場所属の輸送機MV22オスプレイを見て「おうち(北九州市を指す)に帰りたい」と怖がった。私は騒音を気にしながらもやり過ごしていた。この状況が異常だということを長男は感じていた。長年基地の町で暮らし、各地の基地所在地を取材し、基地問題について知った気になっていたが、米軍機が集落上空を平然と飛ぶ風景に自分が慣らされてしまっていると改めて気づかされた。

ある日の午後一〇時半頃、オスプレイが実家付近の上空を通過した。唸るように低く発せられるプロペラ音、機体が通過する際の振動で家の壁がミシミシと揺れ、就寝中だった生後四カ月の次男が起こされ、寝かし直さないといけなくなった。

日米地位協定では米軍機の訓練が規制できず、日米両政府は普天間などの米軍飛行場について、午後一〇時から午前六時までの夜間早朝飛行をしないよう米軍に求める「騒音防止措置」を結んでいる。だが、米軍が必要と判断した際は守られず拘束力がない努力義務にすぎない。この例のように取り決めは守られず、平然と深夜早朝に米軍機が市街地上空を飛ぶのは、沖縄では日常茶飯事だ。

深夜、本土出身の妻との会話中に米軍機の音が聞こえると、就寝中の子どもたちが起きるのではと機体が過ぎてゆくまで気を揉んだ。日米の取り決めを破っている米軍のせいで、気を遣わねばならない日常のひとコマに内心毒づいた。

宜野湾市の集落では、オスプレイなどヘリのプロペラ音に加え、県外基地から飛来するF35B戦闘機のエンジン音や飛行音で、常に騒音が発生していると言ってもいい。米軍機が上空を飛ぶたびに目線を向け、騒音に顔をしかめ、時にはあまりのうるささにいらつく。そして、騒音が過ぎ去り静けさが戻ったことでなぜか胸に広がる安堵感。いちいちいろんな感情を表していたら頭がおかしくなりそうだから、やり過ごそうとする。慣れといえば簡単だが、生存本能か何かだろうか。当初は米軍機に驚き、怖がっていた長男は、約三週間の沖縄滞在を経て、最後は上空に米軍機が通過しても見向きさえしなくなった。

日本の安全保障の基軸である米軍基地や日米地位協定の問題といえば、どこか高尚でとっつきにくく感じるが、日米地位協定が要因で起きている基地問題は、私たちの生活に大いに関係する話だ。米軍は日本各地に基地を置き、全国どこでも訓練しているのだから、この国に住んでいれば基地の所在の有無にかかわらず誰にも等しく直面する問題のはずだ。にもかかわらず、沖縄を含む地方にある基地から派生する問題に高い関心が持たれているとはいえない。

沖縄国際大学ヘリ墜落事故は、その日の全国ニュースで報じられはしたが、「巨人・渡辺恒雄オーナー辞任」「アテネ五輪開幕」に埋もれた感があった。冒頭の出身大学をめぐるやりとりのように、多くの人たちにとっては「そういうニュースもあった」に過ぎない。

共著者の山本章子氏とは、二〇一七年に九州・沖縄の基地問題を取材する過程で知り合い、本書を出すきっかけをいただいた。本来ならば誰にでも起こりうる問題をできるだけ可視化し、沖縄や基地が所在する地方だけでなく、日本に住む多くの人々に考えてもらうため、二人で日本各地の日米地位協定の現場を取材し執筆した。それぞれが訪ねた基地の現場をありのままに記し、それが日米地位協定とどうつながっているか、一つ一つひもといていきたい。なお、登場する人物の肩書きや年齢は当時のままで記している。

宮城裕也

目　次

目　次

＊本書に収録した写真はすべて毎日新聞社の提供による。

第 1 章

日米地位協定とは何か

2017 年 12 月 13 日，普天間第二小学校を視察し，
落下物の写真を持つ翁長雄志・沖縄県知事

日本側が把握できない米軍事故

「言語道断の行為だ。意識の低さがああいう行為に現れているのではないか」

村岡嗣政・山口県知事は二〇一九年一一月五日、報道陣を前にこう発言した。村岡知事が怒りの声を上げたのは、この日、防衛省中国四国防衛局から説明を受けた在日米軍の事故報告書に対してだ。内容は、一八年一二月に高知県沖で起きた、第一海兵航空団（沖縄県宜野湾市と山口県岩国市に駐留）のFA18戦闘機とKC130空中給油機の接触・墜落事故に関し、米海兵隊が行った調査結果だった。この事故では、乗員八人のうち一人が死亡、五人が行方不明。事故を起こした部隊は訓練中の空中接触が相次いでおり、一六年四月にも沖縄県沖で同じ事故を起こしていた。

二〇一九年九月に公表された報告書には、事故を起こした部隊で当時、規律違反が横行していた事実が記されている。手放しの操縦や飛行中の読書、飛行中に外してはならない酸素マスクを外して髭を整えながらの自撮り。事故を起こした乗員二人の尿からは、睡眠導入剤の成分も検出されていた。報告書は、事故の背景として部隊内に「薬物乱用、アルコールの過剰摂取、不倫、指示違反といった職業倫理にもとる実例」が存在したと指摘する。

村岡知事は一一月七日に上京、河野太郎防衛大臣に米海兵隊の安全対策の徹底を要請した。福田良彦・岩国市長も、地元の米軍岩国飛行場(山口県)司令官に電話で管理体制の改善に取り組むよう要請したという。

山口県は安倍晋三首相の選挙区にあたり、村岡知事も福田市長も自民党系だ。岩国飛行場を受け入れる見返りに、山口県だけを対象とした都道府県向けの交付金が二〇一五年に創設されたり、一八年で終了予定だった岩国市への再編交付金が二二年まで延長されたりと、米軍基地から大いなる経済的恩恵を受けている。そうした自治体の長でさえ、事故報告書には憤りを覚えずにはいられなかった。

沖縄県と山口県に駐留している第一海兵航空団が、なぜ高知県沖で訓練をするのか。しかも、高知県沖で海兵隊が事故を起こしたのが二〇一八年一二月。事故原因を調査した報告書の公表が一九年九月。日本国内、しかも米軍基地の外で起きた事故にもかかわらず、海兵隊の報告書公表まで日本側は米軍機事故の詳細を把握していない。

また、防衛省から高知県へと報告書の内容が伝えられたのが同年一〇月。このとき、部隊の規律違反についての説明はなかった。規律違反の実態も含めて山口県へと伝えられたのが一一月。事故が起きた高知県沖はマグロの漁場であり、事故当時も地元の漁船が付近を航行。事故が海の汚染や住民への被害につながる可能性もあった。また、事故は海兵隊の駐留する岩国市でも起こりえた。だが、高知県と山口県に対する説明は公表後ただちになされず、説明の内容も取捨選択的だった。

村岡・山口県知事や福田・岩国市長が「要請」した海兵隊の安全対策について、両国政府間の取り決めはなかったのか。日本政府と山口県の出先機関と現地米軍の代表で構成された「岩国日米協議会」は、一九九一年までに岩国飛行場の滑走路の運用時間や着艦訓練に関する一六項目を確認している。ただし、同協議会は九一年を最後に開かれていない。事故を起こしたKC130が岩国飛行場に移駐する二〇一四年以前の確認事項では、安全対策はとれないだろう。何より、両国政府間の在日米軍に関する取り決めである日米地位協定には、海兵隊も含めた在日米軍の安全対策は規定されていない。

日米地位協定の性格

日米地位協定は、サンフランシスコ講和条約が発効し日本が独立を回復した一九五二年に日米行政協定として成立、六〇年に日米安保条約の改定とともに現在の形へと改定・改称された。以来、約六〇年たった今日に至るまで一度も改定されていない。改定されなかったのは問題がないからではなく、米軍関連の事件や事故のたびにわき上がる批判に対して、日本政府が「日米地位協定の運用の改善」で対応するという姿勢で一貫して通してきたからである。

日米地位協定とは、日本に駐留する米軍の「権利」について取り決めた日米間の合意だ。「権利」は「特権」といいかえてもよい。日米地位協定の運用の趣旨は、外国軍である米軍に日本の法律の適用除外を認めることにある。大まかにいうと、在日米軍の①基地の使用、②訓練や行動範囲、③無理のない経費負担、④身体の保護、⑤税制・通関上の優遇措置、⑥生活を守るために、日本の法律を適用しないような仕組みが作り上げられている。

前身である日米行政協定では、太平洋戦争で降伏した日本を占領していた米軍の特権がほぼ維持された。米軍は日米安保条約によって同盟国軍に肩書きを変えただけで、占領期から使用する基地や施設をひきつづき使用し、自由に拡張できる。米兵や米軍属とその家族が起こす事故・犯罪について、日本側は刑事裁判権を持たない等々。こうした特権を実現するために、日米行政協定の成立後、在日米軍に日本の法律を適用しないための国内法が整備されていく。

占領米軍の特権を温存した日米行政協定は、成立直後から日本の国内世論の強い批判を浴び、それを受ける形で全面改定されることになった。しかし実際には、日米地位協定へと名前が変わっても、日米行政協定が守っていた米軍の特権の死活的な部分は引き継がれる。それによって、日米行政／地位協定の問題――米軍が認めない限りは日本が望んでも米軍基地・施設の返還や縮小が実現できず、米軍の起こした事件・事故の捜査や責任追及ができない――が、現在に至るまで続いていくことになる。

例えば、羽田空港や那覇空港などの民間空港の管制権を、米軍横田基地(東京都)や米軍嘉手納基地(沖縄県)など近隣の米軍基地が持っているのも、占領期の米軍の特権が現在に至るまで引き継がれていることの一例だ。米軍基地が近隣一帯の管制権を持つことについて日米地位協定上の規定は存在しない。

日本の独立回復から約七〇年経過したのに、なぜいまだに占領軍の特権が残っているのか。一言でいえば、空の占領が陸よりも長引いたことが特権の慣例化につながった。羽田空港に関していえば、一九五〇年代後半に在日米空軍が日本領空の防空任務を航空自衛隊に移管しようとしたものの、当時の航空自衛隊が脆弱で六〇年代までかかったことが関係している。

那覇空港の場合には、一九七二年まで沖縄が米軍の占領統治下におかれ、復帰後も、那覇空港を使用した米軍機の移転と日本政府へのレーダー進入管制業務の移管が完了するまでという名目で、米軍が管制権を手放さなかった。

二〇一〇年三月八日の日米合同委員会でようやく、那覇空港の進入管制任務の日本側への移管が承認され、同月末に実現したが、その後も沖縄本島周辺の航空管制を担う那覇ターミナル管制所で米軍退役軍人が管制業務を実施している。嘉手納基地や米軍普天間飛行場(沖縄県)に所属する米軍機の飛行を想定して、嘉手納基地を中心に南北に広がる高度約六〇〇〜一八〇〇メートルの空域が設定され、那覇空港を発着する民間機は同空域に抵触しない約三〇〇メートル以下の低高度を保たなければならない。

日米地位協定の問題の整理

二〇一九年七月の参議院選挙の特筆すべき点は、各政党が公約に日米地位協定に対する考え方を盛り込んだことだった。自由民主党は在日米軍の事件・事故防止の徹底。公明党は米軍関係者の凶悪犯の身柄を起訴前に日本側に引き渡すことの明記や、米軍基地への日本側の立入権の確立を目指すとする。ただし、これら与党は日米地位協定の改定について言及していない。逆に、主要野党は改定や見直しを掲げた。

改定をめぐる立場の違いはあれど、各政党とも日米地位協定の問題を認識しているという点では共通している。ただ、その問題が何かについては誤解も多い。とりわけ、協定の改定が現状の問題の解決につながるのかという点はよく検討する必要がある。

問題は大きく四つに分けられる。第一に、条文上の規定に由来する問題である。米軍による民間空港・港の使用や、米軍基地の環境汚染、検疫の問題などがこれにあたる。また、米軍の事件・事故の裁判権に関する規定が、被害者の救済を保証する内容になっていないという問題もある。

第二に、条文の規定が守られていないために起こる問題である。米軍基地で働く日本人従業員の雇用主は米軍ではなく日本政府であり、賃金や雇用・労働条件、労働者の権利についても日本の国内法が適用されることになっている。しかし、米軍がそれを無視して自分たちに都合の良いように働かせるためトラブルが絶えない。日本人基地従業員の訴えを受けて従業員の組合である全駐留軍労働組合(全駐労)が地域の防衛局に要望を上げ、そこから防衛局・本省が対応するまでに時間がかかることもあって、日本政府が自国の基地従業員を守れていないのが実情だ。

第三に、条文に規定がないために起きている問題だ。沖縄県と山口県に駐留している第一海兵航空団が、高知県沖で訓練している理由もここにある。基地所在自治体への米軍機事故の情報提供の遅れ、不十分さなども同様だ。

第四に、協定上の規定と実際の運用が異なっているために起きている問題もある。冒頭の事例のように、米軍基地の外で米軍機事故が起きても日本側に事故の捜査権がなく、米軍の事故調査結果の公表を待つしかないのは、実は協定上の規定に反した運用である。それを可能にしているのが、安保改定の際に作成された日米地位協定合意議事録だ。また、「思いやり予算」と呼ばれる在日米軍駐留経費も、協定の規定とは異なる運用の最たるものだ。

米軍による民間空港・港の使用

いま日米地位協定の問題として列挙したものについて、基地従業員の労務問題以外は補足が必要なので順にくわしくみていこう。

まずは民間空港・港の使用についてだ。二〇一四〜一八年の五年間で、米軍機が日本国内の民間空港を使用した回数は一六〇五回。全国にある八九の民間空港のうち四〇カ所に着陸している。三四九回と最も着陸回数が多い福岡空港は、民間空港だが米軍専用施設があるため例外的な存在としても、奄美空港(二一六回)、長崎空港(二〇六回)、名古屋空港(一四三回)など一般の民間空港への米軍機の着陸も多い。

日米地位協定第五条は、米軍機が日本国内の民間空港を使用する権利を保障している。民間空港以外の民用地の離着陸は、第三条に関する日米地位協定合意議事録で規定されているので、合意議事録の説明と合わせて後述する。ちなみに、米軍による自衛隊基地の使用は第二条第四項(b)で定められている。

米軍は民間空港を使用する際に通告の義務がなく、着陸料を免除される。緊急着陸の場合には給油施設使用料などの空港使用料も免除される(ただし、米軍の救援機が使用する場合には空港使用料を徴収)。また、第七条で米軍に日本の公共施設の優先的な使用を認めているため、米軍機の民間空港への着陸は民間航空機よりも優先される。

米軍艦船による国内の港の使用も認められている。日米地位協定第五条には、米軍は入港の際に日本側への事前通告を行わねばならないと書かれている。しかし、同条に関する日米地位協定合意議事録では、米軍が安全上必要だと判断すれば通告しなくとも入港できるとある。米軍は港湾管理者の許可なく、あるいは自治体が反対していても民間の港へ自由に入港できるのだ。

米軍は二〇〇七年に沖縄県与那国町の祖納《そない》港、〇九年に石垣市の石垣港、一〇年に宮古島市の平良《ひらら》港に入港。「乗組員の休養と友好親善」を理由とした石垣港入港時には、石垣市がターミナルの屋上に掲げた横断幕で入港反対の意思を示し、交流を拒否したにもかかわらず住民の抗議の声の中を米海軍掃海艦が寄港した。

米軍の沖縄島嶼《とうしょ》寄港の意図については、当時沖縄総領事だったケビン・メアの考えがウィキリークスに掲載された米政府史料から明らかになっている。メアは、「軍拡を進める中国海軍と尖閣諸島で対峙した場合、一番近い港が与那国島、石垣島、宮古島になる。南西諸島の島々を対中国軍への戦略拠点として利用しないと有事に対処できない」と述べている。

ただし、日米地位協定はあくまで平時の取り決めであり、有事に米軍機が民間空港・港を使用するのは両国政府の事前協議の対象となる。事前協議とは、日米安保条約改定の際に創設された制度で、在日米軍の戦闘作戦行動には事前に日本政府の了解が必要だとされている。とはいえ、現在の日本政府は中国に対する抑止力を重視しており、有事の自衛隊や米軍の民間空港・港使用を推進する側にある。

米軍基地の環境汚染・検疫

次に環境汚染や検疫の問題だ。日米地位協定第四条第一項は、在日米軍が基地を日本側に返還する際に原状回復の義務を負わないと定めている。このため、米軍基地が日本側に返還された後で、基地内で深刻な環境汚染が長年放置されていた実態が発覚することがくり返されてきた。とりわけ、沖縄戦から二七年にわたって米軍占領下にあった沖縄が日本の施政権下に復帰した一九七二年以降、次々と露呈する。

返還されて初めて米軍基地内の環境汚染の実態が判明するのは、日米地位協定第三条が在日米軍に基地内の排他的な管理権を認めているからだ。日本政府や自治体は、米軍の許可がない限りは基地内に立ち入ることができない。ただし、沖縄での環境汚染発覚を契機に、一九七八年度から全国の在日米軍基地で日本側の環境調査のための立入りが認められる。日本側が基地内の水質と大気を調査して、汚染が確認されれば米側に対策を申し入れてきた。

環境省（沖縄では環境省から委託された県）による米軍基地内の環境調査は、二〇一三年度まで年に一度行われていた。ところが、一四年一〇月に両国政府が環境補足協定に合意すると、在日米軍は日本側の基地内立入りを拒否するようになる。そのため現在、嘉手納基地や普天間飛行場、横田基地、米軍厚木基地(神奈川県)周辺の水源から基地内で流出した可能性が高いフッ素化合物が検出されるも、米軍に基地内立入検査や原状回復に協力する義務が協定上ないため、自治体が汚染源を特定できずに対策を打てずにいる。

二〇一五年九月に成立した環境補足協定は、基地内の環境汚染に関する日米間の情報共有(第二条)、環境基準の制定(第三条)、環境調査のための基地立入手続き(第四条)などを定めている。このうち第四条は、①米国から日本に環境事故の報告があった場合、②返還が決まった基地に返還七カ月前から環境・文化財調査で立ち入る場合に、日本側の基地内立入りを認めている。七八年度から行われてきた年一回の基地内環境調査が環境補足協定に規定されていないことを、米軍は立入調査を拒む口実にしたようだ。

なぜ、環境補足協定が成立して環境調査ができなくなるという本末転倒のことが起きたのか。安倍晋三政権が、二〇一四年一一月の沖縄知事選で現職の仲井眞弘多氏を再選させる策として、米国との環境補足協定の締結を急いだためだといわれている。官邸主導で協定の交渉を進める過程で、環境省が担当する基地内立入調査の存在が失念されたようだ。ちなみに、仲井眞氏は知事選で敗れ、普天間飛行場の辺野古移設阻止を掲げる翁長雄志氏が約一〇万票差をつけて当選した。

検疫の問題は、二〇二〇年から流行した新型コロナウイルス感染で注目されるようになった。日米地位協定第九条で日本の入国管理の適用から除外されている米兵は、海外の米軍基地から日本国内の基地へと直接入域できる。また、兵士のみならず、軍属や家族も入国時の検疫の対象外となっている。

日本政府がコロナ感染防止の水際対策として米国を入国拒否対象に指定している間も、ローテーション配備された米兵の入国は制限されなかった結果、在日米軍基地では何度もコロナの集団感染が発生、沖縄では感染者が基地外で行動し市中感染につながった。

米軍の刑事・民事責任

日米地位協定第一七条と第一八条は在日米軍の裁判管轄権について定めているが、米軍関係者の犯罪に関する日本側の起訴率の低さや、起訴まで米軍関係者の身柄が確保できない場合があること、米軍の軍法裁判の処罰が軽いことなどの問題が指摘されてきた。

日本政府は日米地位協定が成立して以来、「北大西洋条約機構（NATO）並み」の内容だと主張してきた。実は、日米地位協定において本当に「NATO並み」だといえるのは、刑事裁判権について規定している第一七条くらいである。ただし、NATO並みに日本に有利な内容ということではなく、NATO並みに不平等だという意味だ。

ＮＡＴＯ地位協定と日米地位協定では、犯罪が基地の内外のどちらで起きたかに関係なく、加害者が米兵・軍属で、①米国とその財産に対する犯罪、または②被害者が米兵・軍属の場合、あるいは③軍務遂行中に行われた犯罪については、米国に一次裁判権を認めている。また、それ以外の場合には、米軍を受け入れている国に一次裁判権を認めている。

だが、実際には、米軍側が「加害者は軍務遂行中だった」と主張した場合、受け入れ国は大抵それを認めざるをえない。また、お互いに、裁判権についての相手国からの要請に「好意的配慮」を示せば、自国の裁判権を放棄して相手国に譲ることが可能だとされている。米軍はこれまで、世界中のほぼすべての米兵犯罪において受け入れ国に裁判権放棄の圧力をかけてきた。そのため、現実には米兵は母国で裁かれることが多い。

さらに、オランダやギリシア、西ドイツのように、米国との個別協定であらかじめ一次裁判権を一括放棄するよう取り決めている場合もある。ただし、西ドイツは一九九一年に統一ドイツとなってから、米兵・軍属が「重大犯罪」を起こした場合にはドイツ側が裁判権を放棄しなくてよいように補足協定を改定した。

民事裁判権について定めた第一八条について強調しておきたいのは、日米地位協定上の明記はないが、在日米軍は基本的に日本国内の住民の身体や財産に損害を与えた場合の損害賠償の義務が免除されている。日米地位協定だけではなく、ＮＡＴＯ地位協定をはじめほとんどの米軍地位協定でも同じように定められている。これを国際法上の主権免除原則という。ただし、第一八条では米側が事件・事故の責任を認めた場合に限って、日米地位協定に定められた最大七五％の分担比率にもとづいて賠償額を支払うことになっている。

二〇一七年一二月、沖縄県宜野湾市の緑ヶ丘保育園と普天間第二小学校の真上で、普天間飛行場所属のCH53E大型輸送ヘリが部品を落下させた。緑ヶ丘保育園では約一〇センチ、重さ二〇〇グラム超の円筒形の部品カバーが屋根に落ちる。普天間第二小学校では九〇センチ四方、重さ七・七キロの窓がグラウンドに落下し、男子児童一人が軽傷を負う。

在日米軍は損害賠償責任を負わないので、事件・事故を避けるインセンティブが働きにくい。また、事件・事故の責任を認めるかどうかは政治的な判断になる。米海兵隊は、普天間第二小学校については部品落下の事実を認めて謝罪したが、緑ヶ丘保育園については現在に至るまで事実を認めていない。

ややこしいのは、軍隊としての米軍は民事責任が免除されているが、個人としての米軍関係者には民事責任が認められている。公務外つまりプライベートで起こした事件・事故の場合、米軍関係者は日本の法律にもとづいて民事責任を負う。また、公務執行中つまり任務中に起こした事件・事故であっても、米軍関係者には一定の損害賠償の義務がある。

問題は、在日米軍が米軍だけではなく公務執行中の米軍関係者個人にも損害賠償義務はない、としばしば主張することだ。過去に、日本の裁判所が米軍のこの主張を認めて被害者の訴えを退けたことがあるため、米軍の主張に一定の根拠を与えてしまっている。また、賠償金を分担したくない米軍側が、裁判で認定された責任を認めることを拒否する事態もしばしば起こる。責任を認めるかどうかは米側に委ねられた規定となっていることが、こうした問題を引き起こしている。

爆音訴訟などのように、在日米軍の活動によって住民が被害を被ったとき、米軍の民事責任が日本の裁判で認められることがある。この場合には、米国ではなく日本政府が被害者からの損害賠償請求を処理する。公務執行中の米軍関係者の行動についても同様である。米軍関係者の事件・事故に対する裁判が行われ、日本の裁判所が判決を下した場合に、判決の執行手続きにその米軍関係者は従う義務がない。

規定なき在日米軍の飛行訓練

日米地位協定には、在日米軍の基地外の訓練に関する制限がない。米軍の訓練は基地の中で行うことが前提となっている。しかし、一九六〇年代に入るとベトナム戦争の影響もあり、在日米軍はジェット機の飛行訓練を増大させる。米軍は第五条第二項の、米軍機は「施設及び区域に出入し、これらのものの間を移動」できるという規定を利用した。飛行訓練を基地から基地への「移動」として正当化し、自由に基地の外を飛び回るようになる。日米地位協定第五条第二項を引用しよう。

船舶及び航空機、合衆国政府所有の車両（機甲車両を含む。）並びに合衆国軍隊の構成員及び軍属並びにそれらの家族は、合衆国軍隊が使用している施設及び区域に出入し、これらのものの間を移動し、及びこれらのものと日本国の港又は飛行場との間を移動することができる。合衆国の軍用車両の施設及び区域への出入並びにこれらのものの間の移動には、道路使用料その他の課徴金を課さない。

横田、厚木、普天間、嘉手納の各米軍基地については、両国政府は日米合同委員会で騒音規制措置を取り決めて、深夜・早朝の離着陸や低空飛行などを制限している。ただし、これら四つの基地の騒音規制措置は、米軍の努力目標にすぎないという問題がある。いずれの規制措置の合意文書にも、在日米軍が必要もしくは緊急だと判断した場合には規制が除外されると明記されているからだ。

一九九六年に合意された普天間飛行場の騒音規制措置には、「進入および出発経路を含む飛行場の場周経路は、できるかぎり学校、病院を含む人口稠密地域を避ける」という取り決めがある。これが守られなかった結果、二〇〇四年には隣接する沖縄国際大学に普天間飛行場所属のCH53D大型輸送ヘリが墜落・炎上する。両国政府は〇七年に再度、学校上空を避ける普天間離着陸経路を確認。この合意も守られず、一七年末には近隣の緑ヶ丘保育園と普天間第二小学校の真上で、普天間飛行場所属のヘリが部品を落下させる。

最大の問題は、日米地位協定に有事と平時の区別がなく、在日米軍が常に非常事態、緊急事態を前提とした基地の使用ができるため、日常的に有事を想定した飛行訓練が行われていることであろう。深夜や早朝の離着陸訓練、低空飛行、パラシュート降下訓練。いずれも、米軍基地周辺の住民に深刻な騒音被害や精神的苦痛を与えるものだ。

ドイツとイタリアが米国との間で個別に結んでいる地位協定には、日米地位協定とは異なり有事と平時の区別がある。平時にはドイツとイタリアの国内法が米軍に対して適用され、米軍の訓練には両国政府の事前の許可が必要となる。他方、有事の際には米軍に国内法は適用されない。ドイツ、イタリアと比べて日本の地位協定が不利だという議論は、どんなときでも米軍の訓練に国内法が適用できるかのように論じている点が誤りである。

日本政府が米軍の基地外の訓練を規制することはできないのか。日米地位協定第三条第一項には、日本政府は「関係法令の範囲内で」米軍の基地の出入りに便宜をはかるとある。だが、日本政府は米軍の国内移動に道路法や道路交通法、航空法、港則法などを適用するのではなく、逆にこうした国内法が米軍機・車両・船舶に適用されないよう法整備を行ってきた。

日本政府はなぜ、米軍訓練を規制しようとしないのか。外務省が一九八三年に作成した『日米地位協定の考え方 増補版』には、国内移動は在日米軍の当然の「権利」であり、それを妨げるような国内法の適用は「地位協定上我が国の義務違反」だと書かれている。在日米軍の訓練が周辺諸国への抑止力になっており、日本の安全保障上重要だから制限すべきではないと考えているためだ。住民の生活の安全や安心よりも、国防を優先する考え方といえよう。

日米地位協定合意議事録

日本政府は、日米行政協定が日米地位協定に全面改定されたことでその不平等性は改善され、「NATO並み」の対等な内容になったと主張してきた。しかし実際には、同時に作成された日米地位協定合意議事録で、日米行政協定が保障していた在日米軍の特権は温存された。協定本文ではなく合意議事録にしたがって、日米地位協定は今日まで運用されている。

日米地位協定合意議事録の存在はほとんど知られてこなかった。新日米安保条約と日米地位協定は両国政府の調印後に国会で審議されたが、合意議事録は国会に提出されなかったからだ（ただし、調印翌日の一九六〇年一月二〇日、朝日新聞が合意議事録全文を掲載している）。重大な内容にもかかわらず、自民党の床次徳二《とこなみとくじ》など一部の議員が発言したのみで詳細が国会で議論されることなく成立し、官報号外と外交青書に掲載された。

日米地位協定合意議事録の問題とはどのようなものか。二〇〇四年八月一三日、普天間飛行場に隣接した沖縄国際大学に訓練中のＣＨ53Ｄが墜落。学長などが仕事をする本館に激突して、建物ごと炎上した。事件発生後、約五〇〇人の米兵が普天間飛行場と大学を隔てるフェンスを乗り越えて大学構内に無断進入。一週間もの間、大学を占拠・封鎖する。

協定第一七条第一〇項(b)は、米軍基地外での米軍事故・犯罪の捜査について、米軍は「必ず日本国の当局との取極に従う」と規定している。ところが、沖縄国際大学を占拠した米軍は日本側の事故現場立入りを一方的に禁じた。米軍のこの行動を可能にしたのが日米地位協定合意議事録である。これは、日本当局が「所在のいかんを問わず合衆国軍隊の財産について、捜索、差押え又は検証を行なう権利を行使しない」と取り決めている。まさしく占領米軍の特権の残滓だ。

なぜ、不平等な日米行政協定の改定という趣旨に反して、在日米軍の特権を温存する日米地位協定合意議事録が作られたのか。それは、日米行政協定の全面改定に米軍部が強硬に反対したからだ。もともと米軍部は、日米行政協定の維持を条件として日米安保条約の改定に同意していた。当時の岸信介首相(安倍晋三元首相の祖父)もこの条件に同意していた。ところが改定交渉の途中で、岸首相のライバルの自民党政治家である河野一郎、池田勇人、三木武夫らが、

「国民の日常生活に直接関係する行政協定の改定こそ最も大事」と主張。岸首相も無視できなくなる。

日米安保条約の改定交渉が始まってから日米行政協定の改定が浮上したことに、当然ながら米軍部は反発した。しかし、ダグラス・マッカーサー米国駐日大使（同姓同名の連合国軍最高司令官の甥）は、自民党内から圧力を受ける岸の政治的立場に配慮し、在日米軍の既得権益を守るという条件で日米行政協定の改定を受け入れる。

マッカーサー大使の意思をくみとった外務省が提案したのが、国民に知られないよう、日米行政協定の運用を引き継ぐことを両国政府の合意メモとして残す、日米地位協定合意議事録の作成だった。

米軍機が民間空港以外の民用地で離着陸できるのも、日米地位協定合意議事録があるからだ。協定第三条第一項は、米軍が基地の出入りに必要な措置を「両政府間の協議の上で」と定める。ところが、合意議事録は、米軍が基地の「近傍の水上、空間又は地上において船舶及び舟艇、航空機並びにその他の車両の投錨、係留、着陸、離陸及び操作を管理すること」を認めている。この結果、米軍機が民用地に「緊急着陸」や「予防着陸」をすることが日常的に起きる。

沖縄県では、普天間飛行場のＭＶ22輸送機オスプレイが二〇一六年一二月一三日、名護市辺野古近隣の浅瀬で大破したのを皮切りに、米軍機による民用地への「緊急着陸」「予防着陸」

が頻発した。一六年に県内で発生した米軍機によるトラブルは一一件だったが、一七年には二五件まで増加する。中でも大きな被害を引き起こしたのが一〇月一一日、普天間飛行場のCH53E大型輸送ヘリが、沖縄県東村高江の収穫を控えた商業用牧草地に不時着し炎上した事故だ。炎上した牧草の植え直しだけではなく有害物質で汚染された土の入れ替えも必要となり、出荷できなくなった牧草の損害額は約一〇〇〇万円となった。

日米合同委員会

日米地位協定と合わせて批判される存在として、日米合同委員会がある。日米地位協定の「密約製造マシーン」、もしくは協議内容が原則として公開されないことから「ブラックボックス」と呼ぶ識者もいるが、こうした理解は正確ではない。

日米合同委員会というのは、日本政府の代表として外務省北米局長、米政府の代表として在日米軍司令部副司令官が出席し、在日米軍の運用や基地の提供・返還について話し合う場である。世論の批判を恐れた日本政府が一九五一年の日米安保条約の交渉過程で、日米行政協定に明記したくない在日米軍の特権については非公開協議とすることを米側に求めて設立された。委員会には、両国政府間の新たな取り決めを決定する権限はない。あくまで日米地位協定とその合意議事録に沿った運用について協議する場だ。新しい取り決めには別途、正式な閣議決定や通常の政府代表者同士の合意をへる必要がある。

日米安保条約改定や沖縄返還、普天間飛行場返還が合意されたＳＡＣＯ（沖縄に関する特別行動委員会）ではいずれも、交渉の中で両国政府の責任者が取り決めたことを、その後あらためて日米合同委員会で合意している。復帰後の沖縄で米軍が復帰前と変わらぬ訓練をできるよう取り決めた五・一五メモも、沖縄返還交渉の中で合意された後、日米合同委員会で決定されている。「密約」が結ばれるとすれば、日米合同委員会ではなくその前の段階の政府間交渉なのである。

では、なぜ日米合同委員会が日米地位協定の諸悪の根源のようにいわれるのか。一つには、私（山本）も含めた研究者の怠慢で、日米地位協定の問題がいつどのように生じたのか十分に分析されてこなかった。もう一つには、二〇〇四年に沖縄国際大学ヘリ墜落事故が起きるまで、日米地位協定合意議事録の存在が一般に知られておらず、外務省のホームページにも掲載されていなかったことがある。

日米地位協定ではなく、その合意議事録にもとづいた協定本文の規定に反する運用。日米地位協定合意議事録を知らない人間の目には、日米合同委員会で「密約」が結ばれているように映るのだろう。

「思いやり予算」

二〇一九年七月、訪日したジョン・ボルトン大統領補佐官とマット・ポッティンジャー国家安全保障会議アジア上級部長が、日本政府に対して米軍駐留経費を年八〇億ドル(約八七〇〇億円)に増やすよう求めた。同年度の在日米軍駐留経費は一九七四億円。四倍以上の増額を要求したことになる。

日米地位協定第二四条は、在日米軍に基地を提供するための軍用地接収や借用にかかる費用を日本政府の負担とし、その他の在日米軍の維持費はすべて米国政府の負担としている。ところが、日本政府は第二四条の規定に反して、在日米軍基地で働く日本人従業員の給料や施設整備費、光熱費などを支払っている。これは「思いやり予算」と呼ばれ、一九七八年度から日本が毎年負担している。

日本が思いやり予算を負担するようになった背景には、米国の深刻な財政赤字と対日貿易赤字の増大に配慮するよう、米側がたび重なる圧力をかけたことがあった。一九七八年度から思いやり予算総額がピークに達する九九年度にかけて、予算総額は約四四倍まで増大している。とりわけ、八七年度から日米地位協定に関する特別協定を締結し、日本側が基地従業員給与を負担するようになったことで一挙に跳ね上がった。

特別協定は、米側が要求する思いやり予算の負担項目が日米地位協定から完全に逸脱しているので、期間を限って負担を引き受ける特例措置としてつくられた。だが、日本は一九九一年度からは光熱水料、九六年度からは訓練移転費の負担に応じる。期間限定のはずの特別協定は、内容と費用総額を拡大しながら次々と新協定に引き継がれてきた。

二〇一一年度からは、ゴルフ場やボウリング場、レストランなど娯楽施設の新規建設は原則として日本側の負担としないことになっている。だが、これに対する米側の不満が強いことから、在日米軍再編費用の名目で日本側が全額負担して、山口県岩国市や米軍キャンプ・シュワブ(沖縄県)に米軍用のスポーツ施設や娯楽施設を建てている。防衛省は思いやり予算と在日米軍再編費用をそれぞれ別の予算として分けて公表しているが、米議会の報告書ではどちらもともに思いやり予算とされている。

米軍依存の安全保障

日米地位協定に関する問題が占領期の遺産なのか、協定の条文によるものなのか、それとも運用によるものなのかという問題を精査せず、やみくもに改定を唱えても問題は解決しない。それどころか、日米地位協定が一見日本にとって有利な内容に改定されたとしても、新たな合意議事録のもとで有名無実化するのであれば意味がない。何よりも、住民生活の安全・安心よりも国防を優先する日本政府の姿勢が変わらない限り、日米地位協定の問題は解決されないだろう。

日本政府がこうした姿勢をとる理由の一つに、在日米軍の日本駐留の権利を書いた「駐軍協定」としての日米安保条約の性質がある。NATO加盟国にとって、NATOの一員であることと自国に米軍基地を受け入れることは同じではない。フランスは一九六六年にNATOの軍事機構からの脱退を表明、米軍が駐留する国内の基地をすべて閉鎖したがNATO加盟国のままだった。フィリピンも九二年、すべての米軍を自国から撤退させたがその後も変わらず同盟国だ。これらの国々は、同盟関係を規定する条約と米軍駐留に関する協定を別々に結んでいるからである。

日米安保条約の場合には、同盟関係と米軍駐留が切り離せない構造になっているため、米軍の日本撤退は同盟関係の解消につながりかねない。加えて、日本は戦後ずっと戦争を放棄する憲法九条のもとで、在日米軍の日本駐留によって安全保障を確保する方針をとってきたことも大きい。

在日米軍の存在はロシアや北朝鮮、中国などの周辺諸国への抑止力になっている。在日米軍にとって不利益になる日米地位協定の運用や改定は、米軍の日本撤退につながりかねない。これが日本政府の安全保障観だ。また、二〇二〇年三月の朝日新聞による世論調査で、日米安保に賛成と答えた者は六八％にのぼった。こうした現状では、政府の安全保障観は変わらないだろう。問われるのは、国の政策以上にそれを支える世論なのである。

その結果、六〇年以上変わらない日米地位協定のもとで、米軍の訓練や事件・事故が基地周辺の住民の生活や安全、健康を損ねる状態が続いてきた。国防とは本来、国が国民を脅威から守るためのものであるが、国防の柱である日米安保条約に付随する日米地位協定は、むしろ国が国民を守らない事態を引き起こしている。

次章からは、日米地位協定のもとで何が起きているのか、その現場を訪ね歩いて問題の核心に迫っていきたい。

第 2 章

三沢基地

——青森県——

2021 年 12 月 1 日，三沢基地所属の米軍機が投棄した燃料タンクの一部とみられる部品を撤去する米軍関係者

語られない基地問題

柱や屋根にところどころさびが目立つ駅舎を前に、老齢の男性が白い手袋をつけた手でマイクを握り、つばを飛ばしながら支持を訴えていた。自分の名前が記された緑色のたすきを掛け、「駅舎はこのままで良いのか」「地域を回るだけで大変だ。インフラ整備をもっとやりたい」と身ぶり手ぶりを交え、これまでの実績や今後の意欲を熱く語る。沿道に集まる支持者たちが時々「そうだ」と声を上げながら拍手を送っていた。

二〇一五年六月にあった青森県三沢市長選の告示日の一幕だ。老朽化していた三沢市の陸の玄関口・三沢駅の前で、声の主であり当時三選を目指した種市一正《たねいちかずまさ》市長(73)の「第一声」を、私(宮城)を含む報道各社が遠巻きに見つめていた。地域活性化、雇用の確保、産業創出……。一五分ほどの演説で次々と語られる政策をメモに取りながら聞いていると、種市氏は満足げに支持者と握手を交わし足早に選挙カーに乗り込んで、次の演説先へとあっという間に去って行った。この町の五分の一の面積を占め、市の中心部にどっしり構える米軍三沢基地の問題については一切語られないまま。私は遠ざかる選挙カーを見送りながらあっけにとられていた。種市氏の相手候補である新人で市議の鈴木重正氏(46)を取材していた同僚に聞くと、同様に基地問題には触れなかったという。

二四歳まで地元・沖縄県で過ごした後、二〇一一年一一月に毎日新聞に入社した私は、新人記者として青森県に赴任した。二〇一七年三月に離任するまで、故郷と同じ米軍基地がある青森県三沢市を取材することになるのだが、同じ基地所在地であっても町の状況は異なり、違和感を抱くとともに新鮮さを感じていた。

故郷の沖縄県宜野湾市には米軍普天間飛行場がある。前述した通り、高校時代の二〇〇四年にはこの飛行場に所属する輸送ヘリが大学に墜落した。大学生の頃にも、MV22輸送機オスプレイの普天間飛行場への配備計画が判明(二〇一〇年八月)したり、沖縄県知事選(同年一一月)で普天間飛行場の名護市辺野古への県内移設の是非が問われたり、基地の話題は日常にあった。沖縄県の地元紙に基地問題を扱う記事が載らない日はほぼないと言っていいほどで、選挙で基地問題について語られるのは当たり前のことだと思っていた。

二〇一四年には、米軍の無人偵察機RQ4グローバルホークが三沢基地に期間限定で配備され、沖縄県で実施されていた戦闘機爆撃訓練の一部が三沢基地近くにある対地射爆撃場に移転していた。日米地位協定第三条では米軍基地の管理権は米軍が独占しており、こうした米軍機の配備や移転について地元自治体は口出しができない。米軍の専制ともとれる行為について種市氏は「防衛は国の専管事項だから」と容認していた。

選挙とは、日ごろ起きている問題の是非について語り合い、今後どのようなスタンスで臨むかを決める機会でもある。こうした状況に不満を持つ市民もいるのではないかと探してみたが、なかなか見つからない。私が沖縄出身の記者だと分かると、ある市民は諭すようにこう話した。

「三沢は基地と共に発展した。沖縄とは歴史的経緯が違うんですよ」

基地と「共存共栄」

この言葉には歴史的な裏打ちがあった。

三沢は「空の町」と呼ばれている。その起源は、一九三一年に米国人飛行士二人がこの地からプロペラ機「ミス・ビードル号」で太平洋横断飛行を成功させたことにある。

三沢市の前身である三沢村は一九三八年に旧日本海軍に放牧地と雑木林七七〇万平方メートルを売却。これが海軍飛行場となった。広大な大地に農漁民が暮らす寒村だった三沢村は戦後、海軍飛行場に米軍が進駐し米軍用地として接収した。これが米軍三沢基地となる。

基地の拡張に伴い、建設工事に従事する人や基地従業員の成り手が全国から集まり人口が増え、一九四八年に三沢町へ、そのわずか一〇年後に三沢市へと発展した。基地周辺には米兵目当ての商店やバー、キャバレーなどが建ち並び、にぎわいをみせたという。現在は人口四万人の町となった。「基地と共に発展してきた」という言葉は、こうした歴史的な歩みに支えられている。

町が発展すると共に基地の機能も強化されていく。三沢基地は一九五〇年の朝鮮戦争で前線支援基地として強化されると、その後は航空自衛隊や民間機も配備され、約三〇六〇メートルの滑走路を共同使用する軍民共用基地として成長した。東西冷戦終結後もロシアや北朝鮮の脅威を念頭に、F16戦闘機などの米軍機や自衛隊機計約一〇〇機が常駐する「北の槍《やり》」と呼ばれる実戦基地となった。

一方、沖縄では、県民の四人に一人が亡くなった太平洋戦争末期の沖縄戦で、米軍が住民の土地を接収した。米軍の捕虜となり、戦後に収容生活から解放されて地元に戻ると住む場所がなくなっていた住民がやむなく基地周辺に家を建てていまの都市が形成されている。「土地を売却し発展してきた三沢」と「土地を奪われた沖縄」とでは出発点が違うのかも知れない。

だが、異なる基地事情を持つ三沢と沖縄には経済的には共通点もある。三沢市は、私の在任時であった二〇一五年度の予算約二三九億円のうち二割の約五一億円を、基地関連の補助金・交付金に頼っていた。その後も同様に市予算の二割程度を基地関連交付金に依存している。

こうした基地依存経済は基地所在自治体ではおなじみで、沖縄県も全国の基地所在自治体と同様の補助金・交付金に頼る構図にはなっている。三沢市の場合は、この「見返り」を背景に基地を受け入れ、日本の安全保障政策を下支えしてきた経緯がある。

基地を受け入れる代わりにもらえる恩恵で町が発展してきたとし、種市氏はこうした米軍と市の関係を「基地とは共存共栄だ」と言う。お互い「持ちつ持たれつ」の関係で共に発展してきたから、一二年ぶりの選挙戦となった二〇一五年の市長選で種市氏も鈴木氏も基地について多くを語らず、むしろ「国際文化都市を担う若い世代の育成」(種市氏)、「語学教育の拠点づくり」(鈴木氏)といった「共存共栄」の恩恵を活用することを重視していた。ちなみに、冒頭で種市氏の告示日の「第一声」の舞台となった三沢駅はその後、基地関連交付金を活用し近代的な駅舎に様変わりした。

「基地ありき」の街づくり

三沢基地が米国から返還される可能性はあるのだろうか。当時、こうした素朴な疑問がずっと気になっていた。

なぜそんなことを考えたのか。私の中に、基地はいずれ返還されるもの、という認識があった。沖縄には、長い年月をかけながら、基地が返還されてきた歴史があったからだ。ちょうど三沢で取材していた頃の二〇一三年には、日米両政府が沖縄県の米軍嘉手納基地より南にある米軍の六施設・区域の返還に合意した。

基地の返還は日米地位協定で定められた日米の行政当局者が話し合う「日米合同委員会」で合意されて実現する。ただし、その議論は地元の意向がないと俎上に載らない。故郷の状況をみていると、三沢でも将来的な基地の返還・縮小を見据えた議論があってもいいと思った。

そこで、二〇一五年の三沢市長選で三選を果たした種市氏に、当選から四カ月後の一〇月にこの疑問をぶつけてみた。

「そういう議論さえしたことはないのでは」

市長室のソファの背もたれに丸々とした体をどっかりと預けた種市氏は、特に考える様子もなく興味なさげに答えた。またもやあっけにとられた。

その頃、三沢基地は、三年後の二〇一八年に米軍横田基地(東京都)に配備されるＣＶ22輸送機オスプレイの訓練地の候補先にもなっていた。こうした基地「活用」こそ強化されていたが、「返還」を想定した跡地活用策の検討は議論されていなかった。その証拠に、市の街づくりの指針となる「市総合振興計画」には、基地の永続が前提となった都市計画や地域振興が記されている。「君はどうしてそんなことばかり聞くのかね」と種市氏が不思議そうに私を見ていた。

確かに、返還への道のりは平坦ではない。三沢基地は市の中心に位置し、市の面積の五分の一を占める。基地を返還することは都市計画の大幅な見直しを意味する。それに、民間地に基地がある沖縄と違い、軍用地を売却してできた三沢基地はほぼ国有地で、返還後の跡地利用には国との交渉も必要になってくる。沖縄よりも跡地の活用のハードルは高いのが現実だ。私の疑問を受けた大沢裕彦・市政策財政部長は「仮に返還するなら、一〇年以上前から連絡を受けて準備しないといけない。返還という少ない可能性を考えるより現実をみるべきだ。(基地被害の)マイナス面ばかり話題にせず、同じ地域に住む者同士仲良く交流し、文化や地域振興などプラス面を伸ばしたい」と話した。

基地との「共存」路線をとるのは市当局だけではない。二〇一二年には、市議会議員の一部が三沢基地に輸送機オスプレイの配備を求める「防衛議員連盟」を設立した。オスプレイの配備や訓練受け入れによる、さらなる交付金の獲得などの「見返り」が狙いだ。ある市議は「訓練が必要なら三沢でやればいい。その代わり補償を持ってこないと共存共栄は崩れる。新基地を持ってきても三沢は反発しない」と意に介さなかった。

本来の自治のあり方とは

だが一方で、「基地は国策」「基地と共存共栄」という先入観が一種の「思考停止」状態を生み、三沢の将来を語ることを妨げている。私はそんな気がしてならなかった。

そう考えた理由の一つに、沖縄県では基地依存経済から脱却しようとする動きがあった。一九七二年の本土復帰の際には県民所得の一六%近かった基地関連収入は、二〇一一年には約五%まで低下した。二〇一五年一月に沖縄県が発表したデータも興味深かった。一九八〇年代に返還された那覇市新都心地区、同市小禄金城地区、北谷《ちゃたん》町・桑江北前地区の三つの米軍用地の「返還前後」を比較すると、土地売買や賃貸収入などで、返還前よりむしろ返還後は大幅に経済効果が表れていると分析した。政府が名護市辺野古に移設を進める米軍普天間飛行場返還後の予測も示され、返還前に比べ三二倍(約三八六六億円)となる経済効果の可能性も指摘された。試算の土台となる跡地利用構想を主導したのは、辺野古移設を容認した仲井眞弘多・元知事だ。沖縄県の担当者は取材に「知事のスタンスがどうであれ、跡地利用の可能性を示すことは沖縄の利益に寄与する。それは疑いのない事実」と話していた。

個人的には、返還跡地に商業施設ばかり建てることが現実的なのかという疑問もある(現に返還跡地には地元大型スーパーのサンエーやイオン琉球が店舗を構えることが多い)。それでも、沖縄の基地所在市町村にどのような施設や機能を置くのか、具体的な未来予想図を描いてはいる。地元自治体が主体的に考える姿勢こそ、本来の自治のあり方ではないだろうか。

健全な危機感

より重要なもう一つの理由が、国際情勢や政治状況の変化によって基地の縮小・撤退はいつでも起こるということだ。そのことは何より三沢の歴史が物語っている。

朝鮮戦争を契機に軍備強化された三沢基地は、いまでこそF16戦闘機約四〇機が常駐する実戦基地となっているが、一九七〇年代初頭には実戦部隊が姿を消していた。ベトナム戦争の泥沼化による米国の財政難で、世界の米軍の大幅な縮小が行われたからだ。

それに伴い、一九七一年、基地従業員の七割にあたる一三二〇人が解雇された。町には失業者があふれ、同年の地元紙・東奥日報は「米軍向けに建設した住宅を業者がやむなく半額で売り出し、約三〇軒あった外国人専用バーは三分の一が閉店。米兵向け洋服店業界は貸金回収を支援してと市に泣きついた」と混乱ぶりを伝えている。市は再就職支援に奔走し企業誘致に取り組んだが、結果は芳しくなかった。

「新冷戦」が始まった一九八〇年代になると、三沢基地は旧ソ連を警戒する「北の守り」と位置付けられ、機能が強化されることになった。そして、冷戦終了後も強化路線は続いた。だが、世界情勢のなりゆき次第では、そのまま三沢基地のプレゼンスを必要ないものと米軍が判断した可能性もあったのではないか。

「「米軍撤退後」も考えるべきだ」

一九七一年に三沢市役所職員として対応にあたった黒田進二さん(80)を訪ねると、やや危機感を帯びた口調でそう訴えた。

三沢市役所からほど近い社会福祉協議会の事務所。そこの会長に転身した黒田さんは応接室で私を応対した。「当時の三沢市民の中にも一部には「撤退は良いと思う」という意見もあったが、大多数は「いてほしい」という声だった。共通認識として寒村だった昔の道に逆戻りするのは嫌だ、ということだった」と黒田さんは振り返る。

市の総務課勤務だった当時、解雇の規模はどのくらいでどういう職種か、切られるのは勤務年数の少ない方からか、など情報収集に奔走していた。「基地と共存共栄」を掲げる市としては撤退に反対だったが、青森県を含め他の自治体で目立った動きはなく、県一丸となった撤退反対の動きにはならなかったという。

試算の結果、従業員がリストラされたら家族を含め三〇〇〇人もの人口減となることが分かった。危機感を抱いた市は、解雇された基地従業員の再就職支援として、大工や溶接などの訓練所を設けた。だが、うまく実を結ばず、多くの元基地従業員が市を離れていった。

「当時の市上層部は「冷戦が続く限り基地はなくならない」という意見が強かったが、基地がなくなった後まで国が振興など面倒をみることはないだろう」

過去の経験を踏まえて黒田さんは、市の企画部長になった一九九〇年代、基地返還を想定した都市構想を策定し、市が年に一回発行する市勢要覧に掲載した。だが、それがいつの間にかなくなったという。

「米軍だっていつまでいるとも限らない。基地跡地の使い方の道筋や問題提起があってもいい。それがあれば市民も撤退後の意識を持つはずなのに」

一九七〇年代の米軍縮小に伴うリストラ騒動の記憶はすっかり薄れ、三沢市では現在「基地ありき」が前提の街づくりが進む。ある三沢市議は「基地は一つの産業。基地がなくなれば昔の寒村に戻る。人口減少を補完するには基地しかない」と話すが、もし米軍が撤退すれば市の財政は大きな打撃を受ける。

部隊の配置は時の政治判断でいかようにも変わる。二〇一六年の米大統領選で「在日米軍の撤退」をほのめかしていたドナルド・トランプ氏が大統領に選ばれた際、ほんのわずかではあったが三沢市は「状況を注視する」と警戒感を抱いていた。米軍基地・施設を抱える地方自治体には、「トランプ発言」のような事態をも「想定内」とする健全な危機感が必要だろう。

集落内で分断

三沢基地のすぐ近くにある三沢市岡三沢地区。この地区の小泉愃司さん(73)宅の向かいから基地のフェンスまで約二〇〇メートルの間は、青々とした雑草が生い茂る空き地が広がっている。

「この先の空き地はもともと全てが住宅で基地のフェンスなんて見えなかった」

二〇一五年七月、取材に応じた小泉さんが空き地を指しながら話した。その空き地にはもともと住宅があったが、住民が出て行ってしまったという。取材中、この地域の事情を聞いているると上空を米軍機が繰り返し飛行し、そのたびに何度も会話を聞き返した。

三沢基地の存在に対する地元の反対は少ない。だからといって基地問題がないわけではない。戦闘機部隊は普段は有事を想定した飛行訓練をすることが主な任務なので、滑走路を持つ米軍基地ならどこでも騒音被害が起きる。三沢も例外ではない。

騒音の主な発生源は、一九八五年から三沢基地に配備されたF16戦闘機だ（基地に「同居」する航空自衛隊の戦闘機の騒音もあるが、ここでは割愛する）。日々の訓練による昼夜の騒音のほか、毎年定期的に実施される、市街地上空で急上昇や旋回を繰り返す「デモフライト」による騒音も起きている。戦闘機が上空を飛べば、電話の声もテレビの音も聞こえなくなる。中には夜間眠れなかったり早朝に起こされたりする人もいる。

騒音問題への対策として、一九七三年に国は、公害対策基本法（後の環境基本法）に基づき、飛行場周辺で健康や生活環境を守る上で維持すべき水準を設定した。人の生活に影響を与える騒音の指標として、航空機騒音の最大値や深夜早朝の騒音などから算出した「うるささ指数」（WECPNL＝W値）という単位で表し、全国の飛行場周辺で住宅地に及ぶ騒音の限度はW七〇以内にすべきと設定されている。また、翌七四年には、自衛隊や米軍基地の防衛施設で一定程度の騒音が発生する地域に対する生活補償を定めた「防衛施設周辺整備法」を制定した。

こうした基地周辺住民への対策費用を捻出する考え方の基本には、日本が独立を回復した翌年の一九五三年に制定された「日本国に駐留するアメリカ合衆国軍隊等の行為による特別損失の補償に関する法律」(特損法)がある。日米地位協定第一八条では、公務執行中の米軍関係者が民間人に損害を与えた場合、米側のみに責任があれば補償費用の二五%を、日米両国に責任があれば五〇%を日本政府が負担すると定められている。加えて第二四条では、在日米軍に基地を提供するための軍用地接収や借用にかかる費用を日本政府の負担としている。だが、先の法整備は、特損法に始まる住民への損失補償を発展させたものである。日米地位協定で規制できない米軍の行動や訓練が全国で引き起こす被害があまりにも深刻で、日本政府も無視できなかったのだ。

防衛施設周辺整備法による補償制度ではW値の大きさで三つの区域に分け、その区域に住む人ごとに補償される内容が変わる。一番低いW七五以上は「第一種地域」と呼ばれ、住宅などの建物の窓を二重にする防音工事費用を補償する。W九〇以上の「第二種地域」は、土地と建物を国が買い取る。最も高いW九五以上の「第三種地域」は、移転補償に加え国がその土地に緑地帯を整備する。

三沢の場合は被害が「うるささ」だけにはとどまらず、この制度によってかえって地域の分断が生じている。騒音の程度は市内に防衛省が設置した騒音測定器で計測するのだが、集落ごとではなく測定地点ごとのW値によって「線引き」が行われる。そのため、小泉さんが暮らす岡三沢地区で、同じ集落内で移転する世帯とできない世帯とで分断される現象が起きている。

一九九九年までに集落の一部が第二種地域に指定されたことで、約一二〇世帯が国の補償を受けて集団移転していった。残りの約一五〇世帯は現在も住まいを移すことがかなわず、集落は一部区間がごっそり削り取られたようないびつな形になっている。

小泉さんら住民は毎年のように、残りの世帯が移転できるよう防衛省に求めることを市に陳情している。これを受けた市が地区内で独自に騒音を測定したところ、「電車が通るときの高架線下」と同レベルとされる一〇〇デシベルを超える騒音が六回も計測された。住民はこの結果を根拠に防衛省に移転補償の検討を求めたが、いまだに移転は実現していない。

高齢者が多いこの地区では、騒音に耐えかねて、隣町にある大型スーパーなどに外出して時間を潰し、なるべく家にいないようにしている人もいるという。

「老人クラブや子ども会は規模が小さくなり、町内会活動自体ができなくなった。前はレク大会や焼き肉パーティーをしたり、旅行にも行った。分断されて仲間がいなくなってさみしいという人も多いが、どうしようもねえっきゃ。分断されたおかげで活動自体半分になり、活動力もなくなり、ふぬけになってしまった」

崩れていく地域社会を思い、小泉さんはそう語る。この集落から約三キロ南にある、かつての住民が暮らす移転先に自身も移り、地域の交流をまた深めたいと願っている。一呼吸置いて小泉さんは切り出した。

「移転が実現できるのであれば問題ないよ。沖縄のオスプレイを受け入れても」

沖縄出身の私は耳を疑った。住宅移転を進めるために騒音が激しくなる基地機能の強化を受け入れるというのだ。冗談かと思い聞き直すが、小泉さんの語気は強く、面食らった。

「だってこの町は基地しかないんだから。移転実現のためにはそういう手段はやむない。そういう取引も必要と思う」

東京ドーム一一五個分の土地が未活用

三沢市街地から約四キロ東に向かうと沿岸部にさしかかり、そこは原野が一面に広がる。ところどころに神社や小さい公園がぽつんと存在するが、ほとんどが何も使われていない原っぱで、成人男性の腰あたりまで生えた草木が海風に揺れていた。

その神社の前に建つ大きな石碑が何もない野原にひときわ目立っていた。「永劫の里　四川目移転に題す」と刻銘された碑文は、この場所の歴史やこの地を発展させた先人たちへの感謝を並べながらも「轟音と共に軍用機の墜落、爆弾、燃料タンクの誤落下、〔中略〕空母艦載機の夜間騒音（タッチ・アンド・ゴウ〔注・正確には夜間離着陸着艦訓練（NLP）〕）による昼夜の区別なく騒音激化。実に言語に絶する〔原文ママ〕」と深刻な基地被害について列挙している。「国土防衛のため、精鋭軍用機が配備され益々騒音激化し、住民の保護安住のため、断腸の思いで〔中略〕新天地にて共に栄えることを願い、移転者おのおのが悲喜交々の願い事をし、あるときは大漁旗をなびかせた往事の思い出の地として残した四川目住民の信仰の地、鎮守の森に碑を建立す」と結ばれていた。

ここ三沢市郊外の四川目地区は約二五〇世帯が住む集落だった。三沢基地の滑走路の延長線上にある場所だ。一九七九年に第二種地域に指定され、国の防衛施設周辺整備法による住宅移転の対象となった。漁村として栄えた歴史ある集落を離れることには消極的だった住民だが、一九八五年に三沢基地の現在の主力であるＦ16戦闘機が配備されたことで、騒音の激化や墜落のリスクを懸念し一九九七年までに順次集団移転した。基地を取材していると、移転は「その土地を捨てた者」という批判を耳にすることもあるが、歴史が深く思い出が多く残る故郷を離れる人たちの苦悩を石碑は物語っていた。石碑の上空では二機の米軍機が轟音を響かせながら旋回していた。

三沢には四川目地区のように米軍機の騒音などの影響で市内七地区の約一〇五〇世帯が、個人または集団移転し、跡地が二〇二一年八月末現在で計約五七〇万平方メートル残された。この土地は防衛施設周辺整備法に基づき防衛省が買い取り、跡地は国有地となる。問題は防衛省が買い取ったこうした広大な集落跡地がほぼ再利用されず手つかずになっていることだ。

そのうち三沢市が利活用したのはそのうち三二万四〇〇〇平方メートルで、利用率はわずか五・七％にとどまる。約五四〇万平方メートルが未活用の土地で、その面積は東京ドーム一一五個分にも相当する。市は庁内に「集団移転跡地利用計画検討チーム」を新設し、土地の有効活用を模索したが、低い利用率の背景には法的な壁が立ちはだかった。

この移転で三沢の町並みは、基地南側の市街地と、北側の農村地帯に分断された。市は跡地活用による南北交流を進めようと国と交渉し、一九九五年から四川目地区に公園を整備するなどしてきたが、国有地は無償で利用できる一方で制約も多い。国有地の利用を決めた国有財産法は営利目的の使用を禁止しているからだ。

この制約では商業施設などの営利目的の施設は建設できない。また、買い手の防衛省はこうした国有地を有事の際に防衛に利用することを念頭にしているため、国有地を利用するにしてもすぐに取り壊し可能なものを条件にしている。

なので、これまでに跡地利用できた施設は、公園や運動場、犬を遊ばせるドッグランなどの九件(うち一件は返還)にとどまる。移転跡地の原野にこうした施設が点在しているのはそれが理由で、簡易トイレやプレハブ施設より本格的な施設は建設できないのが現状だ。市民からは「国は跡地の貸し付けの考え方をもっと融通を利かせても良いのではないか」との声も出るが、防衛省三沢防衛事務所の担当者は「国有地の使用はあくまでも「一時使用」という位置づけだ」と説明した。

ただ、例外事例も存在する。東京都昭島市は横田基地から約四〇〇メートルの国有地に「環境コミュニケーションセンター」を造った。資源ゴミなどの中間処理場や、市民集会場が整った鉄筋コンクリートの建物で、周辺にゴミ処理施設がなかったことがカギとなり、昭島市の要望で建設が認められた。担当者は「交渉次第。ケース・バイ・ケースだ」と話していて、三沢市も「今後、市でもどういう施設なら建てられるかを検討したい」と話している。

「爆弾村」

大げさではなく、本当に「死のリスク」にさらされた村があった。三沢基地から約二〇キロ北にある海沿いで森深い北端の村・天ケ森地区。かつてここには六四世帯が住んでいたが、住民は集団移転した。現在は国有地であることを示す防衛省の看板があり、伸び放題となった雑草の更地が広がる。二〇一五年六月、町内会長だった針田隆さん(77)とかつての集落跡を訪ねた。

乗せてくれた軽トラックをときどき止めては、太平洋に続く四キロのジョギングコースだった場所や、ワラビがたくさん採れた林、自宅裏にあった保育園の園児たちを喜ばせようと庭に

雑草が生い茂る自宅跡を見つめる針田隆さん

桜の木を植えた自宅があったところ……。一つ一つ思い出とともに身ぶり手ぶりを交えて紹介してくれた。いまでもそれらが目の前にあるかのように。目を細めて笑みを浮かべながらひとしきり話すと、声のトーンを落としつぶやいた。

「故郷がこうなるなんて少しさみしいよね」

針田さんの自宅近くにはかつて子どもたちでにぎわった市立天ケ森小中学校があった。年数経過で所々黒く汚れた古い二階建て校舎は、割れた時計の針が午後五時三五分で止まり、上階部分まで草木が侵食していた。校庭だった場所は雑草だらけで、子どもが駆け回るスペースは残されていなかった。住民の移転が完了した二〇一〇年から時が止まっているのではなく、人の痕跡が消え去る方向に時が進んでいるのだと感じた。

住民たちが村を去ったのは米軍機の騒音が原因ではない。集落のすぐ近くには、戦後に進駐してきた米軍が三沢基地に所属する米軍機の訓練場として設置した「三沢対地射爆撃場」という施設がある。日米地位協定に基づいて日米合同委員会合意によって提供された陸上約八〇〇万平方メートル、海上部約四六〇〇万平方メートルの訓練場では、米軍機が模擬弾や実弾（ミサイルやロケット砲なども含む）を使った対艦や対地を想定した射爆撃訓練を実施していた。現在でも三沢以外の基地から来る米軍機も訓練するほか、基地の共同使用について定めた日米地位協定第二条第四項（a）にもとづいて自衛隊機もここで訓練している。

天ケ森の住民は一九四七年に訓練が始まって以来、常に危険と隣り合わせの生活を余儀なくされてきた。戦闘機の誤射で模擬弾が民家に当たり、牧草が被弾して火事になることもあった。廃弾の爆発処理の振動で窓ガラスが壊れる事故も相次いだ。七三年から基地の滑走路を空母に見立てて戦闘機が離着陸を繰り返す夜間飛行訓練（NLP）もあり、騒音被害も続いた。集落はいつしか「爆弾村」と呼ばれた。

二〇〇一年には集落から約六〇〇〇メートル沖にF16戦闘機が墜落した。近くで農作業をしていた針田さんは、間近で黒煙が上がるのを目の当たりにし、「人が死んでからでは遅い」と防衛省に基地の撤去を求めたが、「国内唯一の射爆撃場。撤去は無理」と取り合ってはくれなかった。最後まで反対するつもりでもいたが、多くの住民が「撤去が無理ならここを去るしかない」と希望し、残された道は移転しかなかった。

だが、国の防衛施設周辺整備法で補償される集落の住宅移転は、騒音の基準値に満たなかったためできなかった。

「死んでもいいからここにいろというのか」

爆撃場ゲート前の道路に座り込むことまで考えた。事態を重くみた市が国に要望し、「特例」で八キロ南の内陸部に移転できたのは二〇〇六年のことだった。針田さんは「射爆撃場さえなければ平和なのにと思っていた。海もあって川の水もうまいし、牧畜や農耕もできる自然も多かった。故郷を去る後ろめたさはあったが、国は「国策」だとして動かなかった。苦渋の決断だが、住民が折れるしかなかった」と振り返る。

天ケ森の住民たちが移転した先の集落は「新森」と名付けられた。新たな天ケ森という意味を込めた。瓦ぶき屋根だった自宅は約一〇〇〇平方メートルの土地に建つオール電化住宅になった。旧天ケ森住民の家は同じように広い敷地の住宅が軒を連ねる。国の補償で建てたこうした住宅群をよそからは「移転御殿」と揶揄されることもあるが、針田さんは移転がかなったことに満足している。何より流れ弾におびえることがないからだ。それでも、年に数回は天ケ森の自宅前に理由なく足を運ぶという。「墜落やトラブルの危険が常にあり、米軍を野放しにすべきでない」と基地があることの危険性は分かっている。かつての墜落事故の記憶がよぎるからだ。一方で、基地で働く親族もおり、基地の恩恵で発展した歴史的経緯も十分認識している。「難しいね」。しばらく考え込んだが、言葉が出てこなかった。

二〇二一年、六年ぶりに新森地区にいる針田さんを訪ねた。病気で歩行器を使った生活を余儀なくされ、天ケ森に通うことはなくなったという。私は針田さんが取材当時よりだいぶ痩せてしまったことを心配したが、身の危険を感じることなく安寧の日々を過ごしているのだと思い安心した。だが、針田さんは「ここに移っても不安は拭い去れない」と語る。沖縄の米軍基地の訓練の一部が射爆撃場に移転されるなど、近年は三沢以外の訓練の受け入れが増えているからだ。

沖縄や横田基地に常駐する輸送機オスプレイも訓練で飛来するようになった。日米地位協定は米軍の訓練についての規定がないため、さまざまな訓練を受け入れることについて歯止めをかけられない。射爆撃場に向かうため新森上空を飛ぶ機体や低いプロペラ音を聞くたびに、天ケ森で抱いていた墜落の不安は続いているという。

「三沢のどこに行ったって基地がある以上問題がなくなるわけじゃない。でも、移転したから解決したと思われているんだろうな」

その言葉が広い屋敷に静かに響いた。

訓練歯止め効かず

針田さんが「爆弾村」から移転を決意するきっかけとなった二〇〇一年の天ケ森沖の米軍機墜落事故では、もう一つの日米地位協定の問題も明らかになった。

三沢基地所属の米軍機の墜落事故は、現在の主力戦闘機であるF16戦闘機が配備された一九八五年以降、二〇一九年まで一一件。訓練中の模擬弾や燃料タンクの投棄などは三一件あり、三沢市はその都度、事故の原因究明が判明するまで飛行をしないよう米軍側に求めてきた。だが、これまで説明したとおり、米軍の訓練に関する規定が日米地位協定に明記されていないため、こうした要請は事実上無視されてきた。事故が起きていながら行政が立ち入ることのできない状況を当事者はどう感じてきたのだろうか。二〇一七年二月、天ケ森沖の墜落事故の対応にあたった元市職員に話を聞くと、国防と市民生活の狭間での葛藤がみえた。

「米軍の防衛義務を考えれば、あまり踏み込めない。「訓練再開は仕方ない」で片付けるのはまずいのだろうけど……」

こう振り返るのは中村純孝さん(68)。一九九八年度から二〇〇一年度まで三沢市基地対策課長を務めた。

二〇〇一年四月三日午後四時過ぎ、天ケ森地区約二キロ沖合で訓練中のF16戦闘機が墜落した。天ケ森の射爆撃場で訓練していた機体が上空でトラブルを起こし、海上に移動した後に操縦士が脱出した。三沢基地はこの日夜に記者会見し「事故原因を調べるとともに、当面の間、訓練を中止する」と発表したが、米軍は事故からわずか三日後に市長に「十分に整備したので飛行再開させてほしい」と伝えてきた。当時の鈴木重令市長が「全く不条理で不愉快」と批判したためこの日の訓練はなかったが、それから三日後の同九日に米軍は通常訓練を再開。事故から約一カ月後の五月七日、市の了承がないまま事故の原因となった射爆撃場を使用した訓練を再開させた。

訓練自粛を求める市の抗議に、基地は「再開は三沢市に通知した。市へ再開の許可を求めたのではない」とつっぱねた。事故を不安視する住民感情をよそに、再開を当然視する米軍の対応が批判された。「基地と共存共栄」を掲げる三沢でも日米地位協定の改定に言及する声が上がるほどだった。

だが、日米地位協定第五条は移動の自由を米軍に認めている。国や自治体は米軍機をいつ飛ばすかなどの米軍の運用に介入することはできず、「事故原因の究明」や「訓練の中止」を求めることにとどまるのが現状だ。

「僕が課長をやっているあたりは毎年落ちたよ」

中村さんはそう苦笑する。二〇〇〇年に北海道沖で、〇二年には青森県西部の深浦町沖で墜落するなど二〇〇〇年代前半は米軍機事故が相次いだ。その二〇〇〇年代に三沢市副市長を務めた吉田耕悦さん(69)も取材に同席していて、「事故が起きても現場で直接確認できず、市議や市民に詳しい情報を伝えられないもどかしさはあった」と明かす。

せめて基地被害の実態をつかもうと、市職員や市議たちが訓練のたびに飛び立つ米軍機を市役所屋上から監視し、射爆撃場で米軍機による騒音を測定したこともあった。中村さんは「夕方に射爆撃場に向かい、夜まで米軍機が来るのをひたすら待ったこともある。飛び立ったとの連絡があっても訓練をやらないこともあり、二時間ぐらい待ちぼうけした」と苦労を振り返る。吉田さんも「三沢の基地司令にはその都度抗議しに行くこともあったが、訓練の概要は説明してくれる。でも、『迷惑かけてごめんなさい』は一回も聞いたことなかったよ。『わざわざ来てくれてありがとう』は言ったかな」と笑い飛ばした。

三沢基地の訓練には、新人操縦士の技能向上や危険性が指摘される曲芸飛行を行うデモフライト(試験飛行)があり、激しい騒音やアクロバティックな飛行による墜落のリスクを懸念し県や市が中止を要請するが、かなうことはまずない。

国内各地の米軍の訓練による騒音や事故、低空飛行の危険性などを背景に、近年は全国知事会も騒音や飛行高度について国内法を適用させるよう日米地位協定の改定を訴えている。だが、吉田さんは自治体が安易に基地の運用に介入することには否定的な見方を示した。

「権限を持って大なたを振るう責任を持つ覚悟はあるか。米軍や国に任せる方がいいのでは」

米兵は幽霊住民?

三沢市の基地周辺の町並みには「米国」が色濃く反映されている。

三沢米軍基地のゲート付近にはワンドリンクオーダー制のカウンターがあるバーが並び、米兵相手に英語をしゃべる店員さんがとても気さくだ。三沢市民と米軍関係者と思われる外国人が一緒に飲み歩いているのをよく見かける。私も在任中はよく居合わせた米兵と片言の英語で会話したり、バーにあるカラオケで洋楽を一緒に歌ったりして楽しく過ごしたこともあった。英語表記の店構えが軒を連ね、基地近くにある二階建て商業施設「スカイプラザ」には、米国のホームドラマに出てくるようなばかでかいポテトチップスや一ガロンサイズの飲み物など、海外製品が豊富に置かれている。

「約四万人の人口に加え、多くの米軍人、軍属及びその家族が暮らし、異国情緒漂う国際都市として独自の発展を続けています」

市のホームページでもこの町の特色をこう紹介している。ただ、米軍関係者の数が「多く」と表現されているのは、実際の数は分からないからだ。

「政府が隠しているのだろう」と思う人もいるかもしれないが、どうもそういうわけではなさそうだ。防衛省によると、日本にいる米軍関係者の市町村別の居住者数は二〇一二年を最後に非公表となっている。現在確認できる青森県内の数字は「八一一八人」(一三年三月末時点)だった。東北防衛局の担当者は「米兵の安全のためという理由で米軍側から公表されず、日本側も正確な人数を把握できていない」と話す。

米軍関係者が三沢に赴任した場合、全員が基地の中の宿舎に住むわけではない。基地の外で暮らしたい人も当然いる。不動産業者がこうした米兵のニーズに応えて、米軍関係者向けの住宅を貸し付けている。

私たちが住まいを移すとき、まず転居先の自治体に住民登録をする。それによって自治体は、そこにどういう人が住んでいるかをカウントできる。しかし、米軍関係者は日米地位協定第九条により外国人登録が免除され、自治体に住民登録をする必要がない。

これは単に米軍関係者個人の存在を自治体が把握できないというだけではない。私たちは自治体に住民税などを支払っているが、住民登録をしなければ、こうした納税義務から免れるのだ。どこかに住んでいるはずだけど、どういう人がどの場所で生活しているのかはよく分からない。そんな実態を、ある市民は「まるで幽霊住民状態」と言っていた。

すると、こういうことになる。市に税収が入らない一方で、米軍関係者は市民税の対価である市民サービスの恩恵は受けている。三沢市の場合、ゴミ処理費用など一部は米軍が業者と直接契約しているが、道路や市の公共施設、上下水などは無料で利用していることになる。こうした公共物は市民が納める住民税などを原資として維持や補修がされている。税金の対価である市民サービスの大半を米軍関係者がただ乗りしているのが現状だ。

ただ、こうした不公平な状況を当の市民はあまり実感していないのではないか。米軍向け住宅近くに住む女性(62)は「特に迷惑を受けたことはなく、米軍のことは別世界みたいで深く考えていない」と意に介さない様子だった。一方で「勘違い」もある。ある中年の男性はこう話す。

「米軍基地から住民税代わりのお金をもらっているんでしょ?」

こうした日米地位協定の「特権」によって米軍関係者から得られない税収の代替措置は、国が市に毎年交付する「国有提供施設等所在市町村助成交付金」で補う。これは、米軍施設があることによって市が本来そこに建物を建てて得られるはずの固定資産税を補う「基地交付金」と、米軍関係者の住民税や米軍が設置した建物の資産に代わる「調整交付金」とからなる。金を出すのはあくまで日本であり、原資は日本国民の税金だ。うち米軍関係者の住民税代わりの調整交付金は市の二〇一七年度当初予算で七億三二三万円が計上された。一九年度も同等額が交付されている。

ただ、この交付額には疑問が残る。三沢市によると、国から市に対して交付額の算出根拠や具体的な内訳が示されないという。市財政課の担当者は困り顔で「国が定め、自治体が使っている資産評価基準より低く見積もられている可能性がある」といぶかしがる。二〇〇六年頃から、国が「個人情報を簡単に市町村に出せない」として、米軍関係者の資産台帳の閲覧ができなくなったのが理由という。そのため、交付額の算出の「分母」となる米軍関係者や保有資産の数が分からないため、交付額が満足できるものかどうか自治体が検証することができない。担当者は「せめて台帳を閲覧できる元の状態に戻してほしい。でないと、市民がどれくらい損しているのかすら分からない」と語る。

米軍関係者がどれくらいいるかも、どのくらいの資産があるかも分からないまま毎年決まった額の交付金が出され、それが実態に合っているかどうかも分からない怪。あなたはお分かりいただけただろうか……。

米軍向け住宅と「思いやり予算」

三沢市に何人いるか分からない米軍関係者。実際のところ、市内のどこに住んでいるのだろうか。

米軍三沢基地内にある宿舎に住む者が多数だが、中には基地の外で三沢市民と同じように暮らす米軍関係者もいる。三沢市郊外には、バーベキューセットが置かれた庭や大きなガレージが備わった平屋建て住宅が点在している。これは基地の外に住む米軍関係者向けに建てられた「アメリカンハウス(米軍住宅)」だ。

三沢基地内には基地住宅課という部署があり、一定の階級以上の基地の外に住みたい米兵はこの窓口に問い合わせ、窓口に登録してある三沢市内の不動産業者が所有する物件を紹介されるという仕組みだ。なぜ米兵は基地の外に住みたがるのか。それは、門限などの行動に制限がある基地内よりも基地の外に住む方が魅力的だからだ。

三沢の米軍向け住宅は一九五五年から存在するが、F16戦闘機配備直前の一九八三年に米軍向け住宅の建設需要は高まり、市外の近隣自治体にまで建設需要が及んだ。これにより市内の不動産業者は潤ったかに見えたが、「思いやり予算」が米軍向け住宅の建設にブレーキをかけた。

そもそも思いやり予算とは何なのか。少し説明したい。

日米地位協定第二四条では、米軍が駐留するための維持費を負担するのは米側と明記されており、日本側が負担するのは軍用地の接収費用と、接収した土地の持ち主（軍用地主）への補償の支払いに限定されている。だが、一九七二年に米軍統治下にあった沖縄が日本に返還された際に、沖縄返還にかかる費用のほか、在沖米軍の移転費用や本土の米軍基地の修繕費を日本が負担することとなった。米国はそこから円高・ドル安と対日貿易赤字による貿易摩擦を背景に、高度経済成長期だった日本に基地費用の負担を押しつけ、一九七八年に日本が基地従業員の労務費の一部も負担することになった。これが「思いやり予算」の始まりだ。この負担の是非をめぐって審議した国会答弁で、金丸信・防衛庁長官が「思いやりの立場で地位協定の範囲内でできる限り協力する」と述べたことに由来する呼称が一般的に使われてきた。

だが、一九九一年度には光熱・水道料金が、一九九六年には米軍訓練の移転費も日本が負担するなど「地位協定の範囲内」からの逸脱がさらに進むこととなる。思いやり予算は九〇年代に急増し、ピークの九九年度には七八年度の四四倍の二七五六億円(支出済み歳出額)に達した。

二〇〇〇年度以降は日本の景気悪化などを理由に減少に転じたが、一方で沖縄県の負担を軽減するため土地返還や騒音軽減を進めるＳＡＣＯ関係経費、在沖米海兵隊のグアム移転など地元の負担軽減につながる米軍再編関係経費――など在日米軍にかかる経費全体でみると増加傾向が続いている。

こうした経緯から、思いやり予算は日米地位協定の枠組みから外れたいわば「脱法行為」ともいえる。思いやり予算と三沢の米軍向け住宅に何の関係があるのかと思うだろうが、実はこの思いやり予算の中から基地内にある米軍の住宅の建設費用が充てられているのだ。

米軍版空き家問題

具体的な数字は判然としないが、一九八六年に思いやり予算で「基地内」住宅が建てられると、三沢基地司令により「基地外」での米軍向け住宅の新築を控えるよう要請される。それによって一時は建設需要が落ち着いたかにみえたが、その後、九〇年代からはフィリピンの米軍基地が閉鎖されたことにより米兵の一部を三沢で受け入れることが決まると、基地内住宅が不足気味になり、基地外の米軍向け住宅が市内や近隣自治体にも増えた。

すると新たな問題が起きる。基地外での生活を求める米兵は多く、二〇〇九年には基地内住宅約二〇〇〇戸の空きが出た。同年、在日米軍は原則として基地外での居住を禁止する方針を打ち出した。

その結果、基地外の住宅数や入居者は減少した。二〇一〇年時点で一五〇〇〜一六〇〇戸の約八割が埋まっていた米軍向け住宅は、二〇一五年四月末には五二六戸、一六年四月末には四五九戸まで落ち込んだ。実際に入居しているのは二〇一五年四月時点で三一九戸に過ぎなかった。

空き家となった三沢市の米軍住宅

不動産業者らでつくる「三沢米軍用貸家協会」の要望を受け、三沢基地は「特例」を設ける。米兵は一定の階級以上でなければ基地外での居住が認められないが、三沢基地は二〇一五年九月、居住が認められる階級を引き下げた。その結果、一六年四月末の入居も一五年から一一戸増えて三三〇戸になったが、大幅には増えていない。

確かに、三沢市内を歩いていると、「ＦＯＲ　ＲＥＮ

T」の看板のある米軍向け住宅をよく見かけた。屋根にはクモの巣が張り、手入れされていない庭は草が柵を越えるほど伸びている。そんな家が軒を連ねる一帯もあった。まさに米軍版空き家問題だ。

二〇一六年の米大統領選でトランプ氏が当選した際、一番深刻に受け止めていたのは地元の米軍住宅を管理運営する立場の人たちだったろう。米軍向け住宅に与える影響が気がかりだったからだ。三沢米軍用貸家協会会長の小比類巻雅祥さん(63)は「日本の予算にも絡むような大がかりなことを四年の任期で手をつけられるのかは疑問。三沢基地がすぐに撤去されるとは思えない」と強調したが、その一方で、「基地がなくならない限り需要はあると思うが、米兵が今後増える要素も見当たらない」と不安を隠さなかった。

一方で民間のしたたかな「努力」もみえた。この米軍版空き家問題の解消に向け、米軍向け住宅を民間に売ったり貸し出したりする「民活」の動きが出ていたからだ。三沢市の広告・マーケティング会社がこの頃、米軍向け住宅をホームページなどで紹介し、購入につなげる事業を始めていた。

この会社の浄法寺朝生・代表取締役によると、米軍向け住宅は比較的市街地に近く、築五〜一〇年の物件が多いうえ、価格も一五〇〇万円前後と新築より安く購入できるメリットがあるという。月一〇万〜二〇万円の家賃収入が見込める米兵向けに対し、日本人向けに転換すると、多くても半額程度の月七万円前後に落ち込む。住宅オーナーにとって実入りは多くないが、需要減で住宅を売り出したり、少しでも収入を得ようと日本人向けに転換したりする流れもあった。

浄法寺さん自身も米軍向け住宅を購入し、広い自宅で子どもが伸び伸びと遊ぶ生活に満足していた。「新築を建てられない若者の定住化や、リフォームや材料の仕入れなどを地元で供給すれば経済効果もある。空き家に困る家主を助けられる仕組みをつくり、人口減少や景観を損ねるといった課題の解決につなげたい」と地域の活性化にも期待を寄せていた。

自動車税一億円超免除

三沢市内を車で走っていると、「Y」の文字が入ったナンバープレートをよく見かける。米軍関係者が乗る私有車両だ。三沢基地のゲート付近で朝夕の通退勤ラッシュにこのような車が列をなしているのが、三沢の光景になっている。車自体は私たちが乗るものと同じだ。米兵の家族と親交のある三沢市内の女性は「米兵は県外にも車で行くほど活動的よ」と話す。

米軍車両は通称「Yナンバー(車両)」と呼ばれる。ただ、異なる点はナンバープレートだけではない。米軍の公用・私有車両は青森県民と同じ額の自動車税率が適用されていない。日米地位協定第一三条では、米軍の公用車両などの動産は免税され、日本側が課税できるのは米軍関係者の私有車両の道路使用料のみとなっている。

一九五四年から日米両政府が合意した基準にもとづいて米軍関係者の私有車両に自動車税が課されてきたが、一般の国内居住者に対する課税額と比べてあまりにも少額だった。財源の乏しい地方自治体にとって自動車税は直接県民から徴収できる貴重な税収だ。基地のある自治体が国に米軍関係者への課税強化を求め、一九九九年から徴収額は一・五〜二倍に引き上げられた。

それでも徴収額は県民と開きがある。日米合同委員会合意に沿った青森県条例では、米軍私有車両の課税は乗用車の場合、総排気量四・五リットル超二万二〇〇〇円、四・五リットル以下一万九〇〇〇円、小型自動車(二リットル以下で軽乗用車を除く、など例外あり)七五〇〇円――などと定められている。

一方、県民は米軍私有車両より細かく分類され、例えば総排気量六リットル以下八万八〇〇〇円、四・五リットル以下七万六五〇〇円、二リットル以下三万九五〇〇円――など。米軍関係者が最も多く持つ二リットル以下の乗用車の場合、県民の五分の一程度の納税で済むことになる。

取材した二〇一七年に青森県税務課の統計を引っ張り、独自に試算してみた。すると、一五年度に登録された米軍車両のうち、乗用車の登録台数は五三五二台だった。県民の税率は車種や大きさに応じて算出するため単純に比較できないが、米軍私有車両を県民と同じように課税した場合、本来なら二億二〇〇〇万円程度の税収が見込める計算になった。

だが、日米合同委員会合意に当てはめると、四・五リットル超、四・五リットル以下、小型自動車で分類した場合は計約六〇〇〇万円、小型自動車を四・五リットル以下に分類しても計約一億円となり、青森県が本来回収できる額とは少なくとも一億円あまりの差が出た。本来回収できる額の半分しか取れていない状況について青森県税務課の担当者に意見を聞くと、「自動車税率は確かに低いが、他の交付税で補っていると考える」と話した。県民など日本に住む一般市民は自宅に納税通知書が来て自動車税を振り込むが、そもそもどうやって米軍関係者から自動車税を徴収するのか。そう尋ねると、基地内の米軍関係者の自動車税は年一回、県職員が基地を訪ねて徴収するらしい。回収率については「手元に資料がないので分からない」という。

自動車税の免税は三沢以外の米軍基地がある都道府県でもあり、二〇二〇年一一月二九日の毎日新聞の報道では米軍専用施設のある一三都道府県全体で、一般の税率で徴収した場合との差額は一九年度だけで少なくとも約一四億三四〇〇万円に上ることが判明している。

車購入の前提となる車庫証明を得る際、三沢基地内に住む米軍関係者は、基地当局や憲兵の許可があれば取得できる。だが、民間人には実施できる駐車場所の現地確認を警察官ができないなど米軍の私有車両をめぐっては実態を把握しにくい部分もある。

燃料タンクが落下

二〇二一年八月、青森支局を離任して以来約四年ぶりに三沢の地に立った。市中心部の基地メインゲートの通りは、新型コロナウイルス禍もあってか人通りはまばらだったが、耳をつんざくようなF16や自衛隊のF35A最新鋭戦闘機が上空を旋回して「お出迎え」した。変わっていないな、と思った。駆け出しの頃に見聞きした基地問題の様相がそのままだったからだ。

三沢市街地から車で一五分程度かけて北上すると、約六三二〇万平方メートルの広大な湖が見えてきた。あたりは蟬の鳴き声がひびき、水面がたゆたうだけで穏やかだった。汗で背中に張り付いたシャツに吹き付ける風は夏でもやや冷たく心地良い。穏やかな湖畔は県内有数のキャンプ場にもなっている。新型コロナの影響で県内在住者だけに利用が制限されていたが、ビーチバレーや海水浴などに興じる多くの人でにぎわっていた。この場所が米軍機の事故現場だったとはとても思えなかった。

この場所は米軍三沢基地に隣接する東北町の小川原湖。この地を訪ねたのは、本書を執筆するにあたり、青森を離れた後にこの湖で起きた米軍機事故について、当事者に話を聞くためだった。

全国で一一番目に大きな面積を誇る小川原湖はシジミやワカサギ、ウナギなどが有名で、この湖で生計を立てる小川原湖漁協所属の漁師たちが湖の周りに船小屋を設けている。「いまはウナギの時期だから網を準備しなきゃだば」。東北町に住む漁師の山田正彦さん(56)はそう言って、網やブイなどが山積みになったトレーラーの荷台くらいの大きさのプレハブの船小屋に私を招き入れた。

米軍機が湖に燃料タンクを投棄する現場に居合わせたという山田正彦さん

「あそこ。三沢側の岸から二、三〇〇メートルくらいかな」

対岸にうっすら見える山を指さして、この湖で起こった事故について語り始めた。

凍てつく朝だった。二〇一八年二月二〇日午前七時過ぎ、この時期にとれるシジミの漁は水面に張られた一〇センチほどの氷を砕く作業から始まった。山田さんが氷を砕いて浅瀬で水に浸かり、シジミをとるために水中で鋤簾《じょれん》をかき回しているところを米軍機が上空を飛行していった。

「まぁ、いつものことだなと思ったのだけどとんでもない爆音だった」

普段はあまり気にならない米軍機の音がいつも以上に大きく感じた。すると、直後に数百メートル後方で水柱が上がったのが見えた。次第にあたりは油のにおいが充満した。落ちた場所の氷に一〇メートル四方の穴があいていた。

「何か落としたな」

漁協に一報を入れ、陸に上がると次第に消防や県の担当部署、マスコミなどが押しかけてきた。米軍機が燃料タンクを投棄したことは後になって知った。落ちた場所の近くには仲間の漁師たちもいた。「もし少しずれていたらおれか仲間に当たっていた」とただ驚いた。

このときから小川原湖漁協の漁師たちの苦難は始まった。流出した油や燃料タンクの破片は米軍の代わりに自衛隊が回収することになり、油で汚染された小川原湖での漁は中止に追い込まれた。日本一の漁獲量を誇るワカサギやシラウオ漁が取りやめとなり、漁師たちの経済的打撃は大きかった。収入源を断たれた漁師たち約二〇〇人が、漁の代わりに自衛隊に作業をスムーズに行ってもらうために水面の氷を割って回収作業を手伝った。マイナス一〇度の極寒の中、山田さんも二〜三日ほど八キロほどの範囲で氷を割った。中には船が氷に当たって壊れた漁師も何人かいたが、保険がきかず自前で修復費用を負担したという。

三沢基地はこの間にもF16戦闘機の飛行を再開させた。地元自治体が、事故原因が解明されるまでは訓練を中止することを要請したが、日米地位協定第三条と第五条で米軍に認められた排他的管理権と移動の自由が阻んだ。基地や米軍機の運用について地元が口を挟む余地はなく、米軍機は氷を割る漁師たちの上空を飛んだ。

「漁もできないし賠償もされていない。そんな中でも訓練を再開させる。人的被害がないから良かったけど、こんな状況になっているのは誰のせいだと思っているんだ」

山田さんは怒りがこみ上げた。

「ゴネ得」許す補償制度

一カ月の禁漁に追い込まれた漁師たちは、この間の被害弁済を米軍に求めることになった。米軍の公務中に米軍側の過失により住民らが被害を受けた場合、日米地位協定に基づいて補償されることが決められているからだ。

日米地位協定第一八条第五項(e)では、米軍の訓練など公務中の米軍関係者の事件事故について、米軍のみに責任がある場合は賠償額の七五％を米国側が、二五％を日本側が分担して支払うことになっている。米軍の行為について日本側が無関係であっても四分の一は日本国民の税金から捻出されることになる。それも米側の予算が組まれるまでは一時的に日本が賠償金を全額肩代わりして支払うこととなっている。

漁協と米軍側との交渉の内実を、ある漁協関係者が明かしてくれた。

漁協側は米軍に対し、過去三年分の漁獲高や操業日数から算定し計約九三二三万円の賠償金を要求した。禁漁した一カ月の休業補償と、氷を割る作業に携わった燃料代、船のメンテナンスや漁具の整備など漁のための下準備にかかる経費も含めたものだった。この関係者は値段こそ明示しなかったが、「米軍との交渉の間に入る防衛省は我々が要望した金額以上を準備してきていた」と明かし、弁済の交渉はうまくいくかと思われた。

だが、弁済する側の米軍が「休業中の操業は補償の対象外」と休業期間中に氷を割る船を出したことを疑問視し要求額より七八三万円減額した八五四〇万円を提示してきた。「事故を起こして迷惑かけているのだから、ある程度の金額を飲んでくれないとおかしぐねえか」。漁協の会議では、事故を起こした加害者である米軍側の言い値で押し切られることに対して反発も出たが、一カ月の収入が立たれた漁師の中には生活費の支払いが間に合わず借金をする人も出ていた。「このまま交渉をずるずる続けると経済的負担が大きくなる」。結局、漁協側が折れる形で事故から約一〇カ月後の同年一二月に米軍が提示した賠償額を飲む形で合意した。漁師一人あたり約四一万円が分配される計算だが、かき入れ時のこの時期は六〇万円ほど稼ぐ漁師が多く割に合わず、米軍に「ゴネ得」された格好となった。「戦争に負けた国だもの、好き勝手されるべ。ごねてればもらえない」。漁協関係者はたばこの煙と共にため息を吐き出した。

漁師たちの神経を逆撫でするかのように、その約一年後の一九年一一月には小川原湖から北の六ヶ所村でもＦ16戦闘機が模擬弾（重さ約二三〇キロ）を一発投棄した。小学校からほど近い場所に落とされたため、三村申吾・青森県知事が防衛省を訪ね原因究明までの訓練中止を求めたが、事故から一週間もしないうちに米軍は模擬弾を搭載しない形での訓練を再開させた。村内には使用済み核燃料再処理工場という原子力施設もあり、米軍機の事故は一歩間違えれば大惨事につながる可能性もあった。

また、二〇二一年一二月には三沢市の反対にある青森県西端の深浦町で訓練中のＦ16戦闘機が民間地や山中に燃料タンク二個を投棄した。けが人はいなかったが、うち一個は住宅から数十メートル地点に落ちた。政府は在日米軍に安全確認ができるまで飛行停止を要請していたが、事故からわずか二日後にはＦ16の飛行が再開した。

民間地で無断訓練

二〇二一年七月一日、ホバリングする輸送機ＣＶ22オスプレイから米兵が小川原湖に飛び込んだ。別の米兵がワイヤで水中の米兵をつり上げ、機体に引き上げていく。もう一機のオスプレイがさらに上空から湖を旋回してあたりを警戒した。機体は米軍横田基地から飛来し、湖を舞台にした水中救助訓練を実施したが、地元への事前通告はなかった。

前日にも同様の訓練があったと連絡があり、湖の地元・東北町町議の市川俊光さん（日本共産党)が駆けつけ、この訓練の様子を撮影した。動画をツイッターにアップしたことで問題が世間に知られることとなった。

漁師たちの生活の糧である小川原湖は近年、三沢基地所属機が訓練中に事故を起こすだけでなく、他県の基地から飛来する米軍機が訓練する舞台にもなっている。

小川原湖は全国でも珍しく湖自体に番地が付いている民間地だ。市川さんが撮影したこの訓練は、小川原湖漁協の漁が終わる夕方の時間帯にあった約一時間の訓練だった。住民や漁などへの被害は報告されていないが、市川町議は「湖全体を占有するように訓練していた。今回は湖での訓練だったが、これを許してしまえば米軍の訓練でどこでも使えるようになってしまわないか」と懸念する。だが、こうした危機感は町内では共有されていないと市川さんは嘆く。

「町民の中には「いっそ小川原湖でオスプレイの訓練をさせて交付金をもらおう」と言っている人や、中には「訓練する時期をしっかり明示させ、その様子を(観光資源として)みんなに見に来てもらおう」という声もあるんです」

二〇一八年一〇月に横田基地に配備されたCVオスプレイは、その配備が取り沙汰された当初から三沢を含む国内で訓練が実施される可能性が示唆されていた。防衛省は一五年二月に米空軍が作成した環境レビューの仮訳版をホームページに掲載していた。

レビューはCVオスプレイが横田基地に配備された場合の騒音、大気質、安全性などの影響をまとめている。その中で「即応性維持や訓練運用の一環」として、三沢市の射爆撃場のほか、沖縄県の訓練場、自衛隊東富士演習場(静岡県)、群馬・新潟・長野三県の周辺空域、米軍アンダーセン基地(グアム)、米軍烏山基地周辺の射撃場(韓国)――の国内外六つの訓練区域を使用するとし、これらの場所で「弾薬などを消費する」などと記載されている。

普天間飛行場所属の海兵隊が使用するMV22オスプレイと違い、空軍のCVオスプレイは対テロなどの特殊作戦用での使用が主に想定されているため武器が搭載される。ここで言う弾薬とは、敵レーダーやミサイルを回避する「チャフ」や「フレア」、実弾である七・六二ミリ弾や五〇口径弾などを指している。防衛省によると、三沢対地射爆撃場ではオスプレイによる地上への射撃訓練が行われると想定されている。

レビューでは射爆撃場を含む訓練区域は「主に地方の地域に所在しており、基本的に周辺騒音レベルが低い地域」と評価されている。射爆撃場の訓練で発生する騒音は「認知可能な影響をもたらすことはないと見込まれる」としている。

二〇一七年時点で私が防衛省にCVオスプレイが射爆撃場の二〇キロ南にある米軍三沢基地も使用するかについて聞いたところ、「米軍の運用に関してはお答えしかねる」と話した一方で、同省の関係者は「燃料補給など何らかの利用はあるだろう」と明かしていた。

実際、二〇一八年に横田基地に配備されたCVオスプレイは、二〇年までに三沢基地で四〇回ほど訓練を実施している。だが、当初公表された米軍のレビューに小川原湖での民間地訓練はなかった。CVオスプレイが横田基地配備以降、小川原湖での訓練をどれだけ実施したか、民間地である小川原湖で訓練する理由を在日米軍司令部に問い合わせたが、司令部は「セキュリティーのため、訓練の運用の詳細は公表していない」と回答を拒否した。そこで調べると、少なくとも二〇年秋にも実施していて、民間地である小川原湖での訓練が常態化しつつある。

前述の小川原湖の漁師、山田さんも東北町の住宅街の上空を飛行する訓練中のオスプレイを何度か目撃していて、「ゴトゴトと地響きを鳴らし、すぐ上を飛んでいた」と低空飛行とも思わしき様子だったと証言した。

小川原湖での訓練はさらに二〇二一年一〇月二七日と二八日にも実施された。このときは事前通告をしてきたというが、山田さんは自分たちの漁場が無条件に使われる状況を嘆く。

「日本を守るためなのか何なのか分からないが、戦争に負けたからしょうがないんだべな。基地の地元として一生我慢しなきゃならねえのかな」

こうした不満を「ガス抜き」するかのように、防衛省は二〇二一年八月、交付金約一億五九七二万円を投じて小川原湖漁協に水産加工施設を整備することを決めた。

三沢市や周辺では沖縄や横田基地など県外からの米軍戦闘機や輸送機オスプレイの訓練が増えてきた。私が青森支局在任時に三沢市議としてオスプレイの訓練誘致を訴えていた山本弥一さん（78）に三沢がここまで受け入れて良かったのかを尋ねるとこう返ってきた。

「三沢は基地で繁栄してきた歴史がある。騒音など沖縄の痛みも分かるから三沢が負担を受け入れたことは間違ってはいないと思う。受け入れたからにはこちらの要望も飲んでもらわないと」

第 3 章

首都圏の米軍基地

米軍と海上自衛隊が共同使用する厚木基地

東京の一等地にある米軍基地

東京都港区六本木。近隣に青山霊園や新国立美術館、政策研究大学院大学が広がる一等地を二万六九三八平方メートルの大きなヘリポートが占める。米軍が管理する赤坂プレスセンターだ。在日米軍は「ハーディ・バラックス」と呼ぶ。

もとは旧日本陸軍駐屯地だったが、太平洋戦争で降伏した日本を占領した連合国軍が一九四五年に接収して以来、ヘリポートや米軍幹部の宿舎、米軍準機関紙「スター・アンド・ストライプス」の社屋などがおかれている。

ヘリポートは、アメリカの要人が、米軍横田基地(東京都)や米軍厚木基地(神奈川県)など東京の中心部を移動する際に使われる。二〇〇七年には歌手のマイケル・ジャクソンが、米軍キャンプ座間(神奈川県)を慰問する折、赤坂プレスセンターを利用した。二〇一九年五月にドナルド・トランプ米大統領が来日した際も、赤坂プレスセンターからヘリで首都圏を移動している。

赤坂プレスセンターの宿舎には、米軍関係者であれば誰でも宿泊できる。一室に二部屋あり、三人まで泊まれる。寝室はクイーンサイズのベッドが二つ。居間にはテレビとソファ、テーブル、冷蔵庫。大きなシャワールームとトイレがまた別にある。各階に自販機と洗濯室が設置され、一階には円とドルの両替ＡＴＭ機。さらに、コンチネンタルブレックファストの朝食サービスもついて、一泊約五〇ドル前後という破格の値段だ。

赤坂プレスセンターの維持費は、思いやり予算でまかなわれている。一般人が、六本木にて一泊約六〇〇〇円前後で二部屋あるホテルを探すのは不可能だろう。六本木どころか都内、いや日本全国でも探せまい。日本人の税金で維持されている赤坂プレスセンターに泊まる米軍関係者の優遇ぶりがよく分かる。

在日米軍基地「赤坂プレスセンター」

赤坂プレスセンターの近隣住民は、米軍ヘリの離着陸による騒音や臭気に長年苦しんでおり、港区は一九九一年から東京都、防衛省、米国駐日大使館に対して施設の返還を要請している。二〇〇四年に沖縄国際大学で米軍ヘリが墜落・炎上する事故が起きた後は、港区と区議会が共同で返還要請を行ってきた。しかし、在日米軍が拒否していることから、日本政府は「在日米軍にとって、都心における唯一の人員輸送の拠点としての重要性を持っており、この施設の全面的な返還は困難」との立場だ。

都内の未返還施設は他にも

赤坂プレスセンターと同じく港区の米軍施設として、南麻布にも米軍横須賀基地（神奈川県）が管理するニューサンノー米軍センター（ニュー山王ホテル）がある。米軍関係者専用の宿泊施設だが、日米地位協定の運用について日米両政府の代表が話し合う日米合同委員会の会議場としても使われている。

もともと日枝神社に隣接する千代田区の一画にあった約一万三〇〇〇平方メートルもの広大な山王ホテルは、一九三六年の二・二六事件の際にクーデターを起こした旧日本陸軍の青年将校たちに占拠されたこともあった。一九四六年にこのホテルを接収した米軍は一九七五年に五年以内の返還に合意したが、代替施設の提供を条件としたため、日本政府の費用負担で新たに建設された地上七階、地下一階、一四九もの客室を有する七二四三平方メートルのニュー山王ホテルが一九八三年に提供された。

旧山王ホテルが米兵にラブホテルとして使われており、過去にはレイプ事件や照明弾乱射事件が起きたこともあって港区議会が反対したにもかかわらず、新ホテルが名門校の校舎の立ち並ぶ高級住宅街に建設されたのは、①最寄り駅から徒歩で一〇分、②赤坂プレスセンターから車で一五分、③米国駐日大使館に近いこと、という米側の条件を満たすためである。

広尾駅から徒歩一〇分もかからない、フリーＷｉ－Ｆｉが使えるバスルーム付の一部屋はシングルルームからスイートルームまであり、米兵の階級によっても値段が変わるが平均して一泊約七〇ドル前後。約二五ドルのビュッフェ形式の朝食サービスがあり、館内にはジム、室内プール、ＰＸ（米軍基地内にある免税売店）、レストラン、カジノつきのバーがあり、両替もできる。米軍関係者の招待があれば日本人も泊まれる。

現在まで残る占領の遺産

このように東京の一等地に米軍専用施設が存在するのは、占領の「負の遺産」だ。

一九五一年、日本はサンフランシスコ講和条約と同時に日米安保条約を締結。翌五二年に独立を回復する。日米安保条約は、日本の独立回復によって占領軍だった米軍が同盟国軍に名を変え、ひきつづき日本に駐留するという内容だった。このときの日米間の争点の一つに、連合国軍が日本進駐の際に接収した施設を、いったん返還させた上であらためて日本から米軍へと提供するかどうかという問題があった。

米軍は占領中、旧日本軍基地のほかに連合国軍司令部として皇居前の第一生命館を接収。また、帝国ホテルや第一ホテル、山王ホテル、聖路加国際病院や同愛記念病院、そごうや松屋、両国国技館や神宮球場、大学、住宅、港湾施設、倉庫など首都圏の施設を大量に占拠していた。日本政府は、独立の回復とともにこれらを返還するよう米側に求める。

しかし、米政府は、米軍がひきつづき使いたい施設についてはサンフランシスコ講和条約の発効後九〇日以内に日米合同委員会で協議し、両国が合意できない場合には暫定的に使用できるルールを要求。これは、講和条約の発効後九〇日以内に占領軍は退去するという講和条約第六条の規定に反していた。結局、日米地位協定の前身である日米行政協定とは別に、岡崎勝男外相とディーン・ラスク国務次官補が交換公文を取り交わす形で米側の要求は通る。

このいわゆる岡崎・ラスク交換公文の問題点は、日本側が米軍専用施設の返還を要請しても米国側が拒否すればひきつづき使用でき、しかも使用の期限がないことにあった。その結果、赤坂プレスセンターのように、占領当初から二一世紀の現在に至るまで米軍が返還を拒否して使い続ける場所が存在することになる。

日米地位協定第二条には、「日本国政府及び合衆国政府は、いずれか一方の要請があるときは〔中略〕(合衆国軍隊が使用する)施設及び区域を日本国に返還すべきこと〔中略〕を合意することができる」とあるが、実情はそうなっていないということだ。

幻の厚木基地返還

一度は返還が決定されながら、現在に至るまで実現していない首都圏の米軍基地がある。神奈川県綾瀬市・大和市にまたがって約五〇六万平方メートルもの広大な面積を有する厚木基地だ。厚木市にないのに「厚木」と呼ばれる理由は不明である。

厚木基地は、横須賀基地(神奈川県)を母港とする米空母の艦載機やヘリコプターの部隊が訓練を行う飛行場として重視され、基地周辺の神奈川県横浜市、藤沢市、相模原市、座間市、東京都町田市を含めた約二四〇万人の住民の生活に影響を及ぼしている。ただし、二〇〇六年の在日米軍再編合意で、厚木基地を拠点としていた空母艦載機部隊はその家族ごと米軍岩国飛行場(山口県)へと移駐することが決定されて、二〇一八年三月末までに移駐を完了した。

厚木基地の返還が決まったのは一九七〇年。この年は一九六〇年に改定した新日米安保条約の条約期限にあたり、一〇年前の安保闘争の再来を恐れた日米両政府は一九六八年から協議を開始していた。同年末には、U・アレクシス・ジョンソン米国駐日大使とジョン・マケイン太平洋軍司令官が、日本本土の米軍基地五三カ所を整理・統合する「ジョンソン・マケイン計画」を練り上げ、日本側と合意する。当時は、日本全国でベトナム反戦運動が高揚しており、安保延長阻止闘争に発展するのは必至だとみられていたため、基地の整理縮小は安保闘争再来をおさえる重要な手段だった。

さらに、一九六九年に発足した米国のニクソン政権はベトナムからの米軍撤退を進め、翌七〇年には米国の国際収支悪化にも対応すべく国防予算の大幅削減を検討し始めた。このため、ジョンソン・マケイン計画の対象となる米軍基地の規模は当初よりも拡大する。七〇年末、①横須賀基地に駐留する第七艦隊旗艦を米軍佐世保基地（長崎県）に移駐させ、横須賀基地は大部分を返還すること、②第七艦隊空母艦載機の陸上基地である厚木基地も、実戦部隊を米軍普天間飛行場（沖縄県）に移駐させること、③米軍板付基地（福岡県）の返還、が日米間で決定した。

横須賀・厚木両基地の返還は、いったん外相・防衛庁長官と駐日大使・太平洋軍司令官のレベルで合意された。だが、そのひと月後、佐藤栄作首相自らトーマス・ムーラー統合参謀本部議長と会談、横須賀返還によって第七艦隊の兵力が削減されることに反対する。在日米軍の急激な縮小が日本の安全保障に与える影響を恐れたのだ。海上自衛隊も、横須賀基地が自衛隊に移管されても管理できないことを理由に、米軍による横須賀基地の保有をムーラーに要望した。その結果、翌一九七一年三月には計画が変更され、七二年一二月には逆に横須賀基地を第七艦隊空母の母港とすることが決定される。

その結果、厚木基地の返還も取り消され、管理権を海上自衛隊に移管したうえで米軍と共同使用することになった。だが、繰り返される米軍機事故や自衛隊の雫石事故（一九七一年七月三〇日、訓練中の自衛隊機が岩手県雫石の上空で全日空機に衝突し、墜落した全日空機の乗客・乗員一六二人が全員死亡した事件）を受けて、周辺自治体は厚木基地の全面返還を主張。防衛施設庁は、基地の一部返還や自衛隊の使用にあたって拡張は行わないこと、基地被害への対策強化などを約束して、ようやく自治体側から厚木基地の自衛隊移管について合意をとりつけた。

一部返還された基地は、長年使われていない広場や住宅地区だった。一九七一年には米軍のキャンプ場やバーベキュー場などがあるピクニック・エリアの一部、四万二八〇二平方メートルが返還される。しかし、基地のフェンス越しに無人の広々とした娯楽設備や芝生が一望できる遊休地に対する地元住民の返還要求は根強く、七七年までに五回にわけて計一一万七五七六平方メートルが返還された。それでも、その一部は自衛隊官舎用地とされたこと、なおも約六万平方メートルのピクニック・エリアが返還されていないことから、現在に至るまで隣接する綾瀬市が全面返還を要望している。

大和市に隣接した、米軍のかまぼこ兵舎が立ち並ぶイースト・キャンプも一九七一年に一部返還され、七三年には計一四万平方メートルが完全返還されて引地台公園となった。新しい米軍住宅は厚木基地内の綾瀬市側に建てられたが、二〇〇〇年代の米軍再編で空母艦載機部隊とその家族が岩国に移駐、厚木に常駐する米兵の数は約五分の一に減少したとみられ、相当数の空き住宅が生じている。そのため綾瀬市が全面返還を要望しているが、国は「有事の利用の可能性」を理由に応じていない。

名ばかりの管理権移管

厚木基地の管理権を自衛隊に移すことになったとき、米軍は自分たちが使用しやすいような形で管理権の一部を維持しようとする。当時、「空のスパイ機」と呼ばれる電子偵察飛行部隊が厚木基地に常駐して極東の偵察任務を行っていたので、米海軍はこれを続行したいと考えていた。国務省・国防総省も厚木基地をできる限り自由に使い続けたがった。しかし日本政府は、厚木基地の面積の半分以上について自衛隊が管理権を持つ必要があると主張する。

その結果、基地への出入りを管理する正門、東門、西門がある区域には日米地位協定第二条第四項(a)が適用され、米軍の管理下におかれた上で自衛隊との共同使用が認められた。逆に、滑走路・誘導路などメンテナンスの費用がかさむ区域には第二条第四項(b)が適用され、自衛隊に管理権が移された上で米軍も使用する形となった。その上、米軍が駐留する区域は第二条第一項(a)のもとで米軍だけの専用施設とされる。現在、自衛隊が管理権を持つ区域の面積が二五五万九〇〇〇平方メートルなのに対して、米軍が管理権を持つ区域の面積は二五一万平方メートルとほぼ同等だ。

日米地位協定第二条第一項(a)の条文には、在日米軍は施設や区域の使用で日本政府の許可を得る必要があると記されている。だが実際には、米側は日本国内どこでも米軍専用施設として使用したい場所の提供を日本に要求できる。

第二条第四項は、米軍と自衛隊との基地の共同使用を想定してつくられた条文である。(a)では米軍が一時的に使っていない専用施設を日本側が使用できる旨が規定されており、(b)では自衛隊基地に限らず民間空港、港湾ビルなどの民間施設も含めた日本側の施設を、米軍が「一定の期間を限って」使用できる旨が定められている。一年間の使用期間が明確に決まっている場合もあるが、自衛隊東富士演習場(静岡県)のように日数を定めず米軍と自衛隊との間で調整して使用する場合もある。過去の政府答弁では一年のうち半年を超えない使用が目安とされているが、東富士演習場での米軍の訓練は年間半年以上行われている。

ただし厚木基地の場合には、自衛隊管理下にある滑走路を第二条第四項(b)にもとづいて米軍が使用しているにもかかわらず、米軍専用区域に出入りするために滑走路を通る必要がある、という理屈から日数の制限も調整もない。

空母艦載機の訓練移転

一九七三年に横須賀基地が米空母の母港とされた頃から、米軍三沢基地(青森県)と岩国飛行場で米空母艦載機離着陸着艦訓練(FCLP。夜間訓練はNLPと呼ばれる)が問題化した。FCLPとは戦闘機が陸上の滑走路で行う空母着艦の模擬訓練で、滑走路進入後ただちにエンジンを全開にして再離陸、急上昇をくり返すので長時間にわたり耳をつんざく轟音が発生する。しかも、夜間の海上で揺れている空母に安全に着艦できるよう、パイロット一人あたり四五分間の夜間訓練を最低四回行う義務がある。約六〇機の戦闘機が空母出港前に集中的に行うＦＣＬＰは、日中から深夜三時頃まで延々と続く。

一九八二年に厚木基地で夜間のＦＣＬＰが始まると、周辺自治体は政府に対して訓練の移転を強く求めていく。さらに、周辺の都市化によって、厚木基地は明るすぎて夜間訓練に適さないという米軍側の事情も出てきた。そこで政府は一九八五年、ＦＣＬＰの東京都三宅島への移転計画を発表したが、島民一丸となっての反対運動で最終的に断念。暫定的な措置として一九九三年から、ＦＣＬＰの約九割は自衛隊基地のある無人島の硫黄島（東京都）で行われるようになる。

さらに、二〇〇六年の在日米軍再編合意で、厚木基地にある空母艦載機部隊五九機の拠点を岩国飛行場に移すことが決定、部隊とその家族も移転することになった。代わりに、岩国飛行場に駐留する海上自衛隊一七機とその部隊が厚木基地に移転することも合わせて決まった。二〇一七年八月から空母艦載機部隊の移駐が始まり、翌一八年三月までに米兵約一七〇〇人、軍属約六〇〇人、家族約一五〇〇人の計約三八〇〇人が岩国に移った。

この結果、厚木基地への航空機の飛来は二〇一七年から一九年にかけて約二割減少した。厚木基地でのＦＣＬＰも五年ぶりに実施された一七年九月を最後に行われておらず、同基地での一〇〇デシベル以上の騒音の発生は一九年には二年前の約一〇分の一になった。一〇〇デシベルは、広報無線や地下鉄駅構内の騒音と同等の音の大きさだ。

とはいえ、諸手を挙げて喜べるわけでもない。空母艦載機部隊の岩国移駐後も、厚木基地は硫黄島が悪天候などの場合にＦＣＬＰを行う「予備施設」とされており、今後も訓練が行われる可能性はある。予備施設としては厚木・横田・三沢の各基地が指定されているが、実際にはほぼ厚木基地が使われてきた。

在日米軍再編合意の翌年の二〇〇七年、岩国からは硫黄島まで遠すぎると米軍側からＦＣＬＰを馬毛島《まげしま》(鹿児島県)に移転する案が浮上して以来、厚木基地の周辺自治体はこの速やかな実現を求めてきた。だが、馬毛島の買収交渉の難航や地元の反対などで現在に至るまで基地建設は遅れている。二〇一一年の在日米軍再編計画の見直しで、馬毛島には南西防衛の一環として自衛隊基地を建設しＦＣＬＰでも使用すると発表されたことも、厚木周辺自治体にとっては不安材料だという。暫定的な措置とされたまま硫黄島で行われているＦＣＬＰを、恒常的な訓練施設に移してほしいと要望してきた自治体側からすれば、馬毛島使用に南西防衛という新たな目的が浮上したことで、ＦＣＬＰの優先順位が下がったようにみえるからだ。

市民から綾瀬市、大和市への騒音の苦情件数も、空母艦載機部隊移駐前の半分以下になったとはいえ、なくならないのが悩ましいところだ。海上自衛隊や、米海軍ヘリコプター部隊は変わらず厚木基地に駐留しているためである。現在、厚木基地における離着陸回数の半分強は自衛隊機のものだ。ただし、岩国飛行場の周辺自治体が国に要望を出して引き止めを図った結果、岩国飛行場に駐留していた海上自衛隊の厚木基地への移駐計画は結局、実現しなかった。自衛隊員の住民税の確保をめぐる自治体間の攻防で、新たな負担を引き受ける側に軍配が上がった格好となった。

街づくりに基地の影

現在、綾瀬市の人口は約八万四〇〇〇人、大和市は約二四万一〇〇〇人となっている。鉄道二路線が乗り入れている大和駅からは東京方面と横浜方面のどちらにも一時間以内でアクセスでき、二〇二一年三月末には綾瀬市に東名高速のインターチェンジが開通した。だが、神奈川県のほぼ中央に位置し、都心まで一時間以内で行ける両市のこの一〇年間の人口はほぼ横ばいだ。

その理由の一つに、厚木基地に離着陸する航空機やヘリの飛行の妨げにならないよう周辺の建物の高さ制限があるために、高層マンションやデパートなどの建設が難しいことがある。綾瀬市の隣の海老名市(人口約一三万六六〇〇人)は、三つの鉄道路線を利用できる海老名駅周辺の商業施設がどんどん整備され、二〇二〇年一〇月の国勢調査では人口増加率が二〇一五年の前回調査と比較して約五％増と神奈川県内で五番目に高い。それに対して、同調査での綾瀬市の人口増加率は対前回比〇・六％減となっている。

空母艦載機部隊の岩国移駐が決まってから完了までの間に、いわば駆け込みで防衛省の移転補償が行われたことも綾瀬市の人口減少に影響した。騒音がひどく生活に適さないとして国が建物や土地を買い取る「第二種区域」に指定された綾瀬市内の地域では、二〇〇七～一七年にかけて一三八世帯が市外に移転している。その後も二〇一九年までに四二世帯が移転、計一八〇世帯が綾瀬市を出ていった。

一三〇〇世帯が対象となった移転補償は集団移転ではなく各世帯が個別に申請する形で実施されたため、一軒家が立ち並ぶ住宅街のところどころに緑色のフェンスで囲われた移転跡地が点在する風景が出現した。一〇〇を超える小さな空き地がばらばらに存在するので活用が難しく、そのうちのわずか二カ所が消防資機材置き場などに使われているにすぎない。放置された空き地には雑草がぼうぼうに生え、虫がわき、ゴミの不法投棄も後を絶たない。民家の明かりがなくなって薄暗い道も増え、住民から綾瀬市に対して苦情が寄せられている。

綾瀬市としては、移転跡地は国有地なので草刈りや街灯設置などは国の責任だと対策を求めている。防衛省は空き地を無償で貸し出して民間活用をうながすことで解決しようとしているが、期限つきで国が必要とすれば速やかに退去することが条件なのでオフィスや住宅などの用途には使いにくい。空き地は放っておかれたまま、周辺に新しく住宅が建てられるような状況となっている。

しかも、主家計者の定年退職に合わせて移転補償の申請をした世帯が多く、そうした家庭には地域の自治会を長年支えていた人々が含まれていたため、移転補償によって自治会の活動にも大きな支障が生じるようになった。

空母艦載機部隊の移駐は、厚木基地の迷惑料として国が綾瀬市に交付する特定防衛施設周辺整備調整交付金の減額ももたらした。二〇二一年の交付額は四億九〇〇〇万円とピーク時から約三割減少している。このため綾瀬市は、過去に交付金で整備した保育園などの公共施設や消防車などの設備、公園の老朽化や故障に対応する予算の確保に苦慮している。公園の遊具がブルーシートでおおわれていたり、台風で倒れた並木の木々が撤去されず横倒しのままになっていたりすることもある。

綾瀬市長の基地共同利用策

このような現状の中、古塩政由・綾瀬市長は二〇二〇年に二期目を迎えるにあたり、遊休化しているピクニック・エリアの返還へ将来的につながる一手として、軍民の共同利用を提案するという思いきった策に出た。

同年四月に公表した市の次期総合計画に「基地が存在する間は地域の資源として活用できないか検討する必要がある」と記載、七月の市長選で「厚木基地への留学プロジェクト」を公約に掲げる。「あやせっ子日米交流事業」として米軍側と早々に話がまとまり、市内の小学四～六年生一〇人程度を募集して厚木基地内の小学校で授業を体験させ英語の勉強とする内容で、二〇年度中に実現するはずだったがコロナ禍で延期された。似たような試みは沖縄の米軍基地所在自治体ではすでに実現している。

厚木基地が市域の一八％を占める綾瀬の市民の中には、古塩市長が進める基地の共同利用策に対して現状の固定化につながると批判的な目を向ける人々もいる。厚木基地の騒音で生活や健康を害されて飛行差し止めの訴訟を長年続けてきた、厚木基地爆音防止期成同盟のメンバーなどは、「迷惑施設」を「地域の資源」と置き換えることは受け入れられないという。空母艦載機移駐で一〇〇デシベル以上の騒音は大幅に減少したが、七〇～九〇デシベルの騒音はあまり減らず、海上自衛隊哨戒機の飛行も活発な状況で、綾瀬市が基地と共存する姿勢に転換したととられるようなメッセージを出すべきではないという考えだ。

「地域の資源」と呼ぼうが「迷惑施設」と呼ぼうが、米軍の都合で基地が返還されない現状は変わらないが、爆音防止期成同盟のメンバーの問題意識は理解できる。日米両政府は一九六三年に厚木騒音規制措置をとりまとめ、深夜早朝や日曜の飛行自粛、人口密集地帯上空での低空飛行や基地周辺での曲技飛行の規制などを定めている。しかし、深夜早朝の飛行禁止は「運用上の必要に応じ、緊要と認められる場合」は除外され、米軍が必要だと判断すれば深夜早朝でも飛行が可能だ。

そのため、厚木基地の米軍機・自衛隊機の飛行差し止めと騒音被害に対する損害賠償を求める住民訴訟が第五次までおこされているが、現在に至るまで、住民に対する国の賠償は認められるも飛行差し止めは実現していない。FCLPが厚木基地で始まった頃の第一次訴訟では、一九八六年の東京高裁判決で「基地の公共性が高ければ騒音の受忍限度も高くなる」として原告側が全面敗訴。だが、その後の司法判断は徐々に住民の訴えを認めるようになった。第四次訴訟の一、二審では初めて自衛隊機の深夜・早朝の飛行差し止めが認められたが、二〇一六年一二月の最高裁判決で覆された。二〇一八年に始まった第五次訴訟では、神奈川県綾瀬市、大和市、相模原市、座間市、海老名市、藤沢市、茅ヶ崎市と東京都町田市の住民八八七九人が原告として参加、過去最多の人数となっている。

基地の爆音に苦しむ住民の訴訟は全国で展開されているが、飛行差し止めが認められた事例はない。米軍機の運航について司法は「国の支配の及ばない第三者の行為」とし、判断を回避し続けてきた。このいわゆる第三者行為論は日米地位協定の本質の象徴だ。日米地位協定には米軍機の飛行に関する規定がなく、在日米軍は第五条で規定された移動の自由を読み替えて場所、時間帯、種類を問わない飛行訓練を正当化している。同時に、日米地位協定第三条には、日本政府は「関係法令の範囲内で」米軍の基地の出入りに便宜をはかるとあり、国は米軍に道路法や道路交通法、航空法、港則法などの国内法が適用されないよう法整備を行ってきた。

日本の土地なのに返還を求めても米軍側が拒否すれば戻ってこない。日本の空なのに国の支配が及ばず米軍機は自由に飛べる。どんな言葉で飾ろうとも、それが日米同盟のまぎれもない姿なのだ。

第 4 章

岩国飛行場

——山口県——

2017 年 6 月 23 日，山口県岩国市内の小学校で，ミサイル落下を想定して机の下で身を守る児童たち

「沖縄の負担軽減」決議

二〇一四年六月、青森県三沢市議会の堤喜一郎市議の電話が鳴った。

「こっちは決議する方向で話がついた。三沢もやるべきでは」

電話の相手は山口県岩国市議会の桑原敏幸議長。三沢市、岩国市はともに米軍基地を抱えている。

この時期、米軍基地を抱える全国の市町村議会では、議員提案のある決議案を議会で可決させ、議会としての意思表明を示す動きを採るかどうかが話題になっていた。その内容は、在日米軍専用施設の約七割が集中する沖縄の過重負担に対し、「沖縄の基地負担軽減の取り組みに協力する」というもの。桑原氏が主導し、一三年春から全国議長会などを通じて基地を抱える自治体に議会で議決するよう呼びかけていた。

ライバル岩国に遅れを取った――。堤氏は慌てて応えた。

「我々も動く」

「負担軽減の協力」について決議の文言では具体的に述べていないが、議員たちは沖縄で行われている米軍訓練、特にこの時期に米軍普天間飛行場（沖縄県）に配備されていたＭＶ22輸送機オスプレイの訓練を本土の基地で受け入れることを想定していた。

米軍再編に伴い、岩国市も三沢も沖縄の基地負担を肩代わりしたばかりだった。米戦闘機など約五〇機が常駐する米軍三沢基地（青森県）は二〇一四年六月、米軍による沖縄での爆撃訓練の一部を受け入れた。一方、米軍岩国飛行場（山口県）は一四年八月、普天間飛行場のＫＣ１３０空中給油機一五機の移駐を受け入れた。また、市はこの段階では賛否を明らかにしていなかったものの、一八年には米軍厚木基地（神奈川県）の空母艦載機五九機の移転計画も進んでいた。そうした中、さらなる「負担軽減に協力する」という。

桑原氏の電話から三カ月後の二〇一四年九月、三沢の堤市議らの会派も決議案を提案したが、「沖縄の負担軽減」は自分のところの住民のさらなる負担増を意味する。結局三沢市では根回しの時間がなく、「突然すぎる」と否決された。

なぜ、わざわざ沖縄の基地負担を自ら手を挙げてまで受け入れようとするのか。三沢市議会での議決騒動を知り、私（宮城）は奇妙に感じた。背景を知るために二〇一五年七月、この決議を主導した岩国市に足を運んだ。

岩国飛行場から三キロ北、電車で一駅のところに岩国駅がある。駅の改札を出たところにある麻里布《まりふ》地区は市最大の歓楽街だ。だが、アーケードを歩くとシャッターが下りた店舗が目立ち、人通りはまばらだった。基地からさほど遠くもないため、この地区にある飲食店は米兵客も見越していると思われるが、町中に米軍関係者の姿はあまり見かけない。地元の人に尋ねると、「電車で広島市にすぐ行けるから、そっちに流れている。米兵に限らないけどね」と話した。確かにプロ野球・広島カープの赤いユニフォームを着た人たちがぞろぞろと駅から出てきたのを見かけた。

ネオンが照らす繁華街を五分ほど歩いた先にあるビルの一角に入ると、居酒屋「はしら島」がある。十数席あるカウンターの一番奥で店に入った私を見つけると、白髪を短く刈り上げ、やや小柄だがかっぷくの良い男性が手招きした。全国の基地所在自治体に「沖縄の負担決議」の議決の音頭を取った張本人の桑原氏だ。この「はしら島」は桑原氏の妻が経営する店だ。

「要は、一つの踏み絵やと思って」

「沖縄の負担軽減決議」を思い立ったいきさつを尋ねると、下戸である桑原氏はウーロン茶に口をつけてから淡々と答えた。

「みんな総論は賛成やけど各論は反対する。(音頭を取って)それだけ賛同する自治体があれば、官邸に行ってこっちが要望するのは、(沖縄の負担軽減を)国でやってほしいという議論じゃから」

議決の構想は二〇一一年の民主党政権時からあった。二〇〇九年に自民党から政権を奪取した当時は、鳩山由紀夫首相が沖縄の普天間飛行場の移設先を「最低でも県外」としたが、本土での移設先探しで迷走、結局は自民党政権が決めた名護市辺野古への県内移設に回帰していた。

「厚木の艦載機を三沢が受け入れてくれりゃあ、岩国は普天間をごっそり受け入れるという話を長島昭久衆院議員(民主党政権時に防衛大臣政務官・副大臣)に話したんやけど「やめてくれ」と」。カウンター席が埋まるほど店内は盛況だったが、桑原氏は声を潜める様子もなくそんな内幕も明かす。

「負担軽減決議」を各地の議会に採択してもらうための根回しは周到だった。全国議長会の場で基地所在自治体の議長をつかまえ、所属会派など考えを同じくする議員たちに「防衛議員連盟」を設立して、議会の場で決議を提案することを求めていた。米軍基地を抱える自治体のみならず、自衛隊や民間空港があるところにも声をかけた。自衛隊基地のある北海道千歳市や恵庭市には直接行って話を持ちかけるほどの「積極外交」だった。

「沖縄が気の毒っちゅうことはあるからね。全国で分かちあわないかんのやということや。本土も沖縄は気の毒だと思いやっていることを分かってもらわんと。そのへんを沖縄の人は分かってないと思うんよ。本土は冷たいと。本土でも考えている自治体はある。受け入れるものは全部受け入れるよ」

地域振興に米軍機能誘致

桑原氏のこうした努力はある程度成果を上げる。二〇一四年九月議会の段階で、岩国飛行場周辺の岩国市、周防大島町、和木町、広島県大竹市が「沖縄の負担軽減決議」を可決。自衛隊新田原《にゅうたばる》基地がある宮崎県新富町でも可決された。桑原氏は決議を可決したこれらの自治体や、可決はしなかったものの議決案を提案した三沢市の議長や議員たちを首相官邸に引き連れて「成果」をアピールし、応対した菅義偉官房長官に本土への米軍機能を分散することなどを検討する協議会を設置するよう求めた。

ここまで基地負担の肩代わりを働きかける意図は何か。桑原氏は「他意はない」「深い意味はないんよ」と繰り返した。沖縄戦や戦後の基地形成過程、米軍統治下の沖縄の状況をよく知り、心を痛めている様子も見せた。基地を抱える本土の自治体に足しげく通い「負担軽減」への理解を求めて決議を直談判してきた桑原氏。「沖縄のため」は確かに本心からくる言葉のように思えた。一方、基地所在自治体が基地負担を受け入れる代わりにもらえる「見返り」を期待していないかという思いも拭えなかった。すると否定せずこうも答えた。

「そりゃあ、あれじゃねえ。国が手当てしてくれるのは当たり前であって。それだけの負担を受け入れるなら手当はするべきだし、善し悪しじゃないよね」

桑原氏の「大義」とは別に、他の基地所在自治体には確かに「見返り」を期待する思惑はあった。

米軍再編に伴い岩国市に入る基地関連交付金などの収入は、再編交付金が入る以前の二〇〇七年度の一九億円から一五年度には七八億円と四倍に膨らんだ。議決に賛成した桑原氏とは別の議員も、議決の背景にはこうした狙いがあると明かした。

日米地位協定第二四条は、基地を提供するための軍用地接収や借用に関わる費用に限定して日本政府が在日米軍駐留経費を支払うこととしている。基地負担を負う自治体への交付金は地位協定の考え方から外れた補償制度だが、本土の基地の現場では、人口減や地域経済の衰えを背景に、沖縄から米軍基地を吸い寄せる動きが出つつあった。毎日新聞がその後、全国の基地所在自治体の議会に問い合わせたところ、議決した自治体の他に一一市町村議会が趣旨に賛成すると答えた。

こうした「見返り」について、桑原氏ははっきりと言った。

「あれば使うのは当たり前。若い時の苦労は買ってでもせいと言うが、買うてする必要はないんよ。苦労ないならない方が良い。基地があるんだからそれだけの金が入ってきたら使えばいいんや。国防のための負担を受け入れるところに、国が手当てするのは当然」

基地と交付金

実際、岩国市は「国の手当」に頼る町でもある。山口県東部に位置し、広島に隣接する岩国市は、江戸時代には錦帯橋《きんたいきょう》の架橋や岩国半紙の専売で栄え、明治以降は瀬戸内海沿いに建てられた工場地帯によって産業都市として発展した。朝鮮戦争休戦協定が成立した三年後の一九五六年、韓国に駐留する米第一海兵師団の航空団のみが旧日本海軍の岩国飛行場へと移駐してくると、岩国はしだいに基地の街としての性格を強める。

岩国飛行場は一九五七年から、第一海兵航空団と海上自衛隊が共同で使用してきた。そして二〇一二年からは、民間空港としても使われる軍民共同の施設となり、岩国錦帯橋空港と名づけられた。岩国駅から車で一〇分かからない場所にあり、全日空が岩国—東京間を一日五往復一〇便就航させている。また、岩国—沖縄間も一日一往復二便ある。

実際のところ、岩国空港を離着陸する全日空便の搭乗率は七割程度だ。岩国—沖縄線はほぼ海兵隊関係者しか利用せず、一度廃線の憂き目にあっている。搭乗率向上のため、岩国市が市の予算で岩国—沖縄線を利用する市民に運賃の補助をしているが効果はかんばしくない。

搭乗率が高くないにもかかわらず、錦帯橋空港には平面駐車場に加え、二〇一七年に新たな立体駐車場が建設された。駐車料金が無料ですぐ満車になるためだ。以前は無期限に無料だったが、立体駐車場完成後は五日間無料に変わった。満車状態は解消されず、年末年始には臨時駐車場も設けられる。また二〇一九年三月、ターミナルビルの別館が増築され、広々としたセルフサービス形式の喫茶コーナーと二つの会議室が設けられた。駐車場やターミナルビルの増築費用や、駐車料金の補助は、すべて岩国市が負担している。

こうした「大盤振る舞い」がどうしてできるのか。その財源は、米軍再編交付金だ。

日米両政府は二〇〇五年、在日米軍再編計画の中間報告で、米海軍が使用する厚木基地から、空母艦載機約六〇機を岩国飛行場に移駐させることを決定。さらに翌年、普天間飛行場から、ＫＣ１３０空中給油機を岩国飛行場に移転させることも正式に決まった。第２章で詳しく述べた通り、日米地位協定第二四条では、在日米軍にかかる経費について日本側が負担するのは軍用地の接収費用と接収した土地を持つ地主(軍用地主)への補償の支払いに限定されている。だが、地位協定の「別枠」的に設けられた「思いやり予算」で、一九九六年からは米軍の訓練移転費も日本がまかなっている。岩国飛行場への空中給油機や空母艦載機の移転は思いやり予算でまかなわれ、地位協定の脱法的行為がまかり通っている。

空母艦載機と空中給油機が岩国飛行場に移駐する見返りとして、一〇年間で一四〇億〜一五〇億円の再編交付金が地元自治体に支給されることになった。岩国錦帯橋空港の開港も、厚木の艦載機移駐とのいわば取引の結果だ。地元の商工会議所がかねてから要望していた民間空港は、岩国市に負担を集中させる形での在日米軍再編によって実現した。

艦載機移駐に伴い、米軍および軍属、その家族約三八〇〇人も岩国に移住した。二〇一八年三月に艦載機移駐が完了すると、岩国市に住む米軍関係者の数は一万人を超えた。市人口の一割に迫る数だ。

この他にも、垂直離着陸が可能なF35B最新鋭戦闘機も配備されるなど常駐機約一二〇機を有する極東最大級の基地に変貌している。

ここからは艦載機移転の前後に岩国市を訪ねたときの話を紹介したい。

米軍の娯楽施設

まだ真新しい、赤いゴムでできた歩道はとても歩きやすかった。岩国市街地から約四キロ離れた市中心部の高台に二〇一八年七月にオープンした「愛宕スポーツコンプレックス」の歩道は、全面が陸上競技場に使用されるようなゴムでできていて、夕刻を過ぎてあたりが薄暗くなっても多くのランニングウエア姿の市民がウォーキングにいそしんでいた。オープンから二年あまりたった二〇二〇年一一月に訪ねた。

二面の屋外バスケットボールコートとソフトボール場、サンドバレーボールコート、四面のテニスコート、陸上競技場、会議室付き体育館とコンプレックス（集合体）の名に恥じない立派な施設ばかりだ。特に目立つのが「絆スタジアム」と命名された野球場。球場入り口には日米の国旗が並び、友好ムードを演出していた。プロ野球（二軍）の公式戦や、東京五輪のソフトボール女子米国代表の事前キャンプにも使用された。

建設費は総額二億円で日米双方が一億円ずつ折半した。こうした施設は米軍関係者のために建てられたもので米軍関係者は無料で利用できるが、岩国市民もお金を払えば利用できる。スポーツ施設のみならず遊具やバーベキューができるスペースもあり、普段は岩国飛行場の運用に反対する市民団体の関係者も、「たまに散歩するしバーベキューもした。あるものは使う」と打ち明ける。日米軍民共用の娯楽施設は、日本国内ではほかには神奈川県の池子の森自然公園しかない。

愛宕スポーツコンプレックスから約八〇〇メートル北西に行くと、真新しい鉄格子の門が現れる。門の前には金色で「Atago Hills」（愛宕ヒルズ）と書かれている。空母艦載機の移転に伴い増加した米軍関係者のためにつくられた住宅地だ。関係者以外は立入りが禁止され、警備員らしき人が立っている。門前から中の様子は見えないが、二六二戸の住宅が建設されているという。高台のふもとから中腹にかけて昔ながらの民家が広がる愛宕地区は、頂上に上がれば真新しい米軍施設が広がる異様な光景を見せる。

米軍住宅群「愛宕ヒルズ」

愛宕地区は本来、米軍とは無関係の場所となるはずだった。愛宕スポーツコンプレックスが建設された場所は、もともと山だった。

一九六八年に米軍板付基地（福岡市）所属のＦ４戦闘機ファントムが九州大学の校内に墜落した事件がきっかけだった。当時、同じ機種の戦闘機が岩国飛行場にもあったことや、基地の離着陸コースには石油化学や化学繊維の工場地帯があり、墜落した場合に甚大な被害が予想されたことなどから、岩国飛行場の滑走路の沖合移設案が浮上する。岩国市議会や山口県議会の議決を経た地元からの要望で一九九六年、愛宕山を削った土砂を滑走路から沖合一キロ地点の海に埋めて移設する事業が始まった。

同時期には、日米両政府が開催したＳＡＣＯで、普天間飛行場に所属するＫＣ１３０空中給油機の岩国飛行場への移駐が最初に決まる。それとひきかえに、岩国市にはＳＡＣＯ交付金と呼ばれる補助金が支払われることになった。岩国市はＳＡＣＯ交付金をもとに愛宕山を削って平地にし、一五〇〇戸、人口約五六〇〇人が住むニュータウンを計画、一九九八年に着工した。

岩国飛行場の滑走路沖合移設は、山を削って市民のための住宅を作り、採掘された土砂で海を埋め立てて滑走路を移す「二度おいしい」事業のはずだった。

ところが、岩国市が一〇年かけて進めた市民住宅開発事業は、在日米軍再編の最終合意が固まる二〇〇六年に突然、山口県から廃止通告を受ける。岩国市民のニーズに合っておらず赤字が見込まれるという理由で、開発中の一帯を米軍用の住宅用地として防衛省に売却するよう言われたのだ。巨額損失が見込まれるとして県と市は二〇〇七年に事業を中止し、国に買い取りを求めた。国も、二〇一八年に完了する空母艦載機の移転で米軍住宅の建設が必要となることを理由に、購入の意向を示した。

愛宕山を削ってできた愛宕スポーツコンプレックスと愛宕ヒルズは、国が土地を買い取り、日米合同委員会の決定にもとづいて日本側が米軍に提供した施設だ。岩国は事実上の基地拡張をしたことになる。米軍施設扱いのため、日本側は愛宕ヒルズには立入りができないが、愛宕スポーツコンプレックスには日米地位協定第二条第四項(a)が適用され、米軍の許可があれば日本人でも立ち入ることができるようになっている。岩国の住民は運動施設を米軍に使わせてもらっているのだ。

市民団体「愛宕山を守る会」は米軍再編合意の時期から、ニュータウン構想が米軍施設に転用されることに反対して座り込みを続けている。元市議の田村順玄さん(75)は、「基地の騒音対策として迷惑は被っていてそのためにスポーツ施設をつくってはいるが、景色を見てとてもいびつな形で町が発展している。愛宕山はお金がざくざくなる山になってしまった」と憤る。

山頂のブラックボックス

高台の頂にある米軍住宅は、日米地位協定のせいでブラックボックスになっている。まず、基地外居住者の実態を日本側が把握できない。米軍はセキュリティーを理由に二〇一四年以降、岩国飛行場の外に住む米軍関係者の人数を公表していない。岩国市は、厚木基地からの空母艦載機の移転で米軍関係者が増加するため、「基地外居住者の届出制度創設と居所の明確化」を国に求めてきたが実現していない。日米地位協定で米軍関係者の住民登録が免除されているからだ。

田村さんは市議時代の二〇一八年六月、愛宕ヒルズに住む米軍関係者は二六二戸中四二戸の入居にとどまることを当時の基地司令から直接聞いたというが、私(宮城)が二一年一二月に市の担当者に確認すると、「依然として米軍が公表しないので、入居率も含めどれだけ住んでいるか分からない」という答えだった。

基地の外に住む米軍関係者の「免税特権」には他の章でも触れたが、岩国飛行場周辺でも同じ問題がある。米軍関係者は住民登録をしていないので住民税の支払いが回避できる反面、さまざまな住民サービスの恩恵は受ける。岩国飛行場から愛宕山までは一本道で片側一車線の道路は朝晩ひどい渋滞になる。米軍関係者も通勤のためこの道路を使用するが、道路の修繕は市税でまかなわれる。田村さんは「愛宕地区にある幼稚園には米軍関係者の子どもも通っており、米軍関係者も幼保無償化の恩恵を受けている」と指摘する。

愛宕地区から米軍岩国基地の方向を指す田村順玄さん

愛宕地区は岩国市の防災や医療の拠点にもなっていて、愛宕スポーツコンプレックスの隣には消防センターや医療センターがある。消防や救急車が市街地に向かうには愛宕ヒルズを迂回する二つのルートがあるが、水害などでその二つのルートが塞がれた場合に愛宕ヒルズを通過できる協定を、市は二〇二一年四月に米軍側と結んだ。結局、愛宕ヒルズに進入する手続きなどに時間がかかるため、市街地への到着時間は迂回ルートと変わらないと見込まれており、岩国地区消防組合は「あくまで二つのルートが塞がった時のための保険」と話す。

米軍機能を受け入れることでさまざまな「恩恵」を受ける岩国市。空母艦載機が移転する前の二〇一七年に市内を訪れたときは、愛宕山のふもとにある住宅街にまで立っていた「愛宕山に米軍住宅はいりません」と書かれた旗は、二〇二〇年にはほとんど見られなくなっていた。愛宕山を守る会の座り込みは二〇年一一月で二七〇〇回を超えたが、発足当初は一〇〇人いたメンバーは三〇人ほどにまで減ったという。田村さんは「米軍住宅ができたことによる大きな被害はいまのところなく、むしろ街づくりの成功例とされている感がある。沖合移設で市民が基地に関心を向けなくなったようにも感じている。再編から一五年、基地バブルがおき、市民のあずかり知らないところで基地が強化されている。住宅ができてもメリットもないがデメリットもなく気にすることはなくなっている。市民運動も厳しいですね」とつぶやくように話した。

見せつけられたアメとムチ

基地を引き受ける見返りに得られる交付金に頼る街づくりが進む岩国市。基地依存に拍車をかけた背景として、「ムチを見せつけられたショックは大きい」と話す人もいる。

時は二〇〇五年一〇月までさかのぼる。実は岩国では、沖縄の「辺野古移設」をめぐる動きと似たようなことが起きている。

日米両政府が、沖縄県宜野湾市にある普天間飛行場の名護市辺野古への県内移設案について、稲嶺恵一知事が出した条件をほごにして再合意した同時期、厚木基地の空母艦載機を岩国飛行場に移転することも地元・岩国市の頭越しに決まった。岩国市は抗議したが、守屋武昌防衛庁事務次官は、「沖縄の負担軽減」策とのパッケージだから変えられない、の一点張りだったという。

そこで、井原勝介・岩国市長は二〇〇六年三月、艦載機移転の賛否を問う住民投票を市長発議で実施する。「平成の大合併」に伴い岩国市と周辺七町村の合併が決まっていた時期でもあり、その前に、艦載機移転で騒音などの影響を間近に受ける市民の手で、住民投票を実施する必要があると考えた。

自民党系市議によるボイコット運動にもかかわらず、住民投票の投票率は五八・六八%となり、反対票は全体の八七%にあたる四万三二三三票に達した。この結果をもって、井原市長は外務省・防衛庁を訪問し、艦載機の岩国移転の撤回を要請。だが、国は話し合い自体を拒否し、「対抗策」を講じる。

当時、岩国市庁舎は建て替え工事中だった。二〇〇一年に芸予地震が発生、岩国市は震度五強の揺れに襲われ、老朽化していた市庁舎にヒビが入るなどの被害を被った。市庁舎建て替えの財源を積み立て始めた折の地震。早急な市庁舎建て替えの必要に迫られた井原市長は、SACO交付金の一部を費用にあてた。ところが、国は二〇〇六年一二月に突然、建て替え工事の補助金を停止した。

井原市長は、建て替え計画を見直し、予算を縮小することで市庁舎を完成させようとした。だが、自民党系市議の多い岩国市議会は修正予算をくり返し否決する。追いつめられた井原市長は、二〇〇七年一二月に辞職。翌〇八年二月の出直し選挙に賭けたが、約一七〇〇票差で衆議院議員だった福田良彦候補に敗れる。

この岩国市長選は、二〇〇七年三月に北海道夕張市が財政破綻したことも影響した。福田陣営は、井原市政が続けば「岩国も夕張のようになる」と喧伝。一年以上も国と山口県の兵糧攻めにあっていた岩国市民に、この言葉はボディーブローのように効いたという。

岩国市は福田市政のもとで、再編交付金をフル活用した地域振興を進めてきた。二〇一五年には、米軍基地のある市町村に国が直接支給する再編交付金とは別に、山口県だけを対象とした都道府県向けの交付金が創設された。二〇一八年には、県向け交付金が前年度の二・五倍の年額五〇億円に増額され、使途も従来のハード事業に加えてソフト事業にまで広がる。岩国市が、子どもの医療費無料化に続いて小中学校の給食費の無料化を要望した結果だ。岩国飛行場周辺の防音工事の補助事業も、従来は民家だけが対象だったが新たにオフィスも対象に加わった。

再編交付金は本来、在日米軍再編が完了すれば終了する。だが岩国市の場合、二〇一八年に艦載機の移駐が完了しても二二年まで再編交付金が延長されている。第二次安倍晋三内閣は一七年、米軍再編特別措置法を改正。二〇二七年度までは岩国市などへの米軍再編交付金の支給が可能となっている。

ある女性(73)は複雑な表情で話す。

「(艦載機を)なんで受け入れるんやろかって思うよ。でも、補助金で潤う面とかもある。国の政策やし、痛し痒しやろ」

違反切符が切れない

二〇一七年六月、岩国警察署や自動車学校が主催し、米兵や軍属ら二五人が参加した米軍関係者向けの安全運転講習会を取材していた。岩国市内の自動車学校敷地で、米軍関係者が運転する車がゆったりとした速度でコースを慎重に走らせていた。右側通行が主流で左ハンドルの車が多い欧米と違い、左側通行の国内の交通ルールに戸惑うことも多いらしく、運転席に座る米軍関係者は左折時の巻き込み確認や交差点での優先順位などを注意していた。

米兵の運転を眺めながら、「なかなかうまいですね」と傍らで一緒に見ていた基地の日本人スタッフに話しかけると、「でも実際は軽微な事件事故は多いんですよ。人身事故とかは特に。よく手続きに駆り出されるんですよ」と小声で応じた。

講習は毎年行っているものらしいが、この時期は岩国市や山口県が岩国飛行場への空母艦載機の移転の受け入れ表明をしていたため、例年にもまして報道機関の注目が集まっていた。翌二〇一八年三月に移転が完了すると軍人・軍属、家族らが約三八〇〇人増え、基地の軍人らは一万人を超えるとみられていた。岩国署管内での米軍関係者による交通事故は一六年で九五件発生していた。市民からは米軍関係者の増加で事件事故が増えるとの懸念の声もあがった。

基地内外では米軍関係者の交通事故について神経をとがらせている。岩国飛行場では、高卒の新任隊員には国内の交通ルールを習得させる講習を行うほか、筆記試験も実施しているという。基地政務・地域対策の担当者は「どの部隊が来ても安全の取り組みは変わらないが、艦載機移転もあるので、新たな安全意識を高めるものもできれば」と語っていた。

遠巻きに岩国署幹部も目を光らせていた。

「人数の増加と治安の悪化はイコールではないが、市民の関心が高いのは分かっている。そうやって注目されている中で（事故があったときに）警察が後手に回るのはうまくないよね」

署では週一回、課業終了後に署員が英会話を習っているという。

「土地柄英語を話せた方が何かといい。（取り締まりの）すべてに通訳を呼ぶわけにもいかないし、通訳なしでおれたちは切符切らなきゃならんしね」

日米地位協定による「特権」が、基地内外での当事者のこうした努力を台無しにしてしまう状況をつくることがある。日本の警察は米軍関係者が交通事故を起こした場合、切符を切ることができないケースがあるからだ。日米地位協定第一〇条第一項では、米軍関係者は日本の運転免許を取得しなくても軍が許可した免許があれば運転ができる。道路交通法で規定されている国際運転免許、外国運転免許ではないため、違反した場合でも日本で行政処分ができないのだ。

空母艦載機部隊が移転する前の二〇一七年は八八件だった米軍関係者の交通事故は、移転後の一八年は一一〇件、一九年は一〇八件と増加傾向にある。だが、ある警察関係者によると、こうした事故があっても日本の免許を持っていないため、減点や免許取り消しなどの行政処分はできないという。

特に住民感情を逆なでする飲酒運転事故については米軍内部でも危機感を持っていて、基地が発効した免許を剝奪するなど米軍独自の処分も行っているが、制度上の不公平さは残ったままだ。

ミサイルに右往左往

超能力かテレパシーを思わせる何やら不気味な音がけたたましく鳴り響いた。校庭で授業を受けていた六年生の児童約二〇人が校舎を目指し全力疾走した。

「土足のままでいいよ！」

玄関先で男性教諭の鋭い声が飛んだ。児童たちは窓から離れた廊下に膝をつき、身を寄せ合いながら顔をうずめた。教室では体操帽をかぶった児童が急いで机の下に入り、頭を押さえたままじっとしていた。その様子をカメラで撮りつつ、あぜんとしてしまった。

二〇一七年六月二三日、岩国飛行場から一〇キロ南にある小学校であった避難訓練の様子だ。ただし、想定された脅威は火災でも地震でもない。ミサイルだ。

同じ日、岩国市から五〇〇キロ離れた沖縄県糸満市の平和祈念公園では太平洋戦争末期の沖縄戦の犠牲者を追悼する式典が開かれていた。迫る有事への対応と非戦の祈り。日本では同時期に対照的な光景が広がっていた。

この年、日本を取り巻く安全保障の環境は悪化しているようだった。北朝鮮は三月に弾道ミサイル四発をほぼ同時に発射し、金正恩・朝鮮労働党総書記が「在日米軍を攻撃する訓練が成功した」と発表。打たれたミサイルはすべて約一〇〇〇キロ飛んで日本海に落下したが、米軍基地がある岩国市と長崎県佐世保市は発射地点から半径一〇〇〇キロ以内にすっぽりと入っていた。少し後になるが、この年の一〇月にあった衆院選の解散理由について、安倍晋三首相が「北朝鮮問題への対応について国民に問いたい」として「『国難突破解散』だ」とぶち上げるほどだった。

訓練はこの小学校独自の取り組みだった。校長によると、きっかけはこの北朝鮮のミサイル発射問題が児童の登下校時の会話にもなっていることを知ったからだという。家庭や教職員間でも話題になるほどで、「こういうものの訓練も必要なんじゃないか」と始めた。

校長は「基地が近くにあることも影響しているかもしれない。私も毎朝通学路に立つが、米軍機が飛ぶ音は聞こえます。子どもたちは「ミサイルが来たらどうするん？」って話していて、でも恐怖とかではなく、熊が出たら「熊が出たらしいね」くらいの感じで、恐れおののいているわけじゃなくさらりと」と話す。

朝鮮半島情勢が緊迫したことで、国が五月に「頑丈な建物や地下に避難」するミサイル避難の指針の周知を呼びかけていた。とはいっても、自治体も学校も誰もミサイルに対する避難訓練をしたことなどない。どのようにすべきか学校が岩国市の危機管理課に相談すると、市は「とにかくミサイルは数分でくるから右往左往してはダメ。もうその場で伏せる。机に潜る、これが精いっぱい。地震の時と同じでいい」と答えたという。

地震と同じ対応で大丈夫かと意地悪な質問をしてみた。校長は「経験がないじゃないですか。どれくらいの威力があるかとか、校舎そのものが吹っ飛ぶのかとかあるので、よく分からないことが多い。飛んでこないということを祈るだけ。教員人生で初めてですよね。ミサイルの避難訓練をせんにゃいけんと、ここまでなったんかという思いですよね」と苦笑する。そして「教員なので表立ってこんなことは言えないが」と声を潜めて打ち明けた。

「空母艦載機が来ればリスクは高まるかは別にして、確かにリスクはあると思う。個人的には「なぜ岩国に」という疑問が払拭できない。移転してどう抑止力が上がるか腑に落ちない。リスクが高まるという不安はあります。それでも受け入れるということは、もう歯止めがきかなくなっているということじゃないかと。やはり(再編交付金が凍結されて)市庁舎建設が凍結された時のことが大きいのではないか。(アメとムチの)ムチの部分をはっきり見せつけられたショックは大きいと思う」

くしくも、この小学校の訓練が始まった約二〇分後、岩国市の福田良彦市長は市議会で厚木基地の空母艦載機部隊の移転の受け入れ容認を表明した。

小学校独自の訓練から三日後には、市内三四の小中学校が「岩国市内に弾道ミサイル一発が落下した」との想定で避難訓練を実施した。そのうちの一校を取材した。午後三時に防災行政無線からJアラートと同じようなサイレンが鳴ると、体育館にいた児童一四人と保護者が駆け足で体育館倉庫に移動し、セーフティーマットで窓ガラスを覆い、うずくまって身を守った。六年生の男子児童は「北朝鮮のことはよく分からないけど、日本は何も悪いことをしていないのにミサイルを撃ってくるのはおかしい。きょうの訓練が本当に役立つことになってほしくないけど、岩国には基地もあるから、そういうときになったら早く知らせてほしい」とやけに勇ましかった。戦時中の空襲避難はこんな感じだったのか。そんな思いにとらわれた。

政府はこうした「脅威」に対する危機感をあおる一方、実際に発射された時の対応は不明瞭なままだった。政府は一七年四月に都道府県の危機管理担当者を集めた説明会を開き、北朝鮮の弾道ミサイルが着弾したことを想定した避難訓練をなるべく早くするよう要請する。「ミサイル発射前に住民を避難させていいか」「いつまでに訓練すればいいか」。自治体担当者から質問が相次いだが、国から明確な回答はなかった。

他国などからの武力攻撃が発生した場合の自治体や国民の役割について定めた国民保護法が二〇〇四年に制定され、それに基づき国は避難の指針をつくった。その中で、弾道ミサイルに対しては「堅牢な建物や地下」への避難を促している。その指針を受けて各都道府県は武力攻撃を受けた際の避難所を指定しているが、その多くは地震などの自然災害と同じ学校や公民館、体育館というのが実態だ。岩国市の担当者は「市内に地下施設はなく、県指定の避難所では確実に対応できない。「家でじっとして」と言うしかない」と漏らす。

四月の国会では北朝鮮のミサイルのサリン搭載能力について話題になった。それが自治体関係者の困惑に拍車をかけた。ミサイルは屋内に逃げる。だが、サリンや生物兵器などは「なるべく上の階」と国の指針で定められている。では、例えばサリンが搭載されたミサイルだった場合は？

内閣官房の担当者にこの疑問をぶつけると、なぜかあきれられた。

「例えばの話をされても困るんですよ」

そもそもこの計画自体が「もしも」を想定されているのではないか？　このやりとりだけで計画がいかに無理筋か理解できた。

特需なき基地周辺

鉄板からはみ出す五〇〇グラムのステーキを目の前にして思わず息をのんだ。

二〇一五年七月、岩国飛行場のゲートから約八〇〇メートル離れた川下地区にあるレストラン「ニュー・ヒルベリー・ヘブン」。クリスマスを思わせる電飾がかけられた門構えに、カントリーミュージックが流れる薄暗いカウンターのみの店内は、顔を赤らめた米兵が笑顔で写る写真や、米兵が残したドル札が店の壁や天井いっぱいに貼られていた。

「つい最近までバーだったんだけど、いまはこれが売りさ」

オーナーの永峯守俊さん(75)がそう話す。

店を始めたのは一九七〇年。米軍関係者を相手にしたバーだった。当時はベトナム戦争中で岩国飛行場は出撃拠点だった。店にごった返す明日をも知れぬ身の米兵たちは、大いに酔い、金を落とした。基地のゲート沿いはバーやキャバレーであふれていた。

だが、円高や基地内の飲食店の設置などで米兵が基地の外で飲むことが減り、次第に客足が遠のいた。岩国は広島市にも近く、そちらへ米兵が流れていることも原因の一つだ。追い打ちをかけたのは、二〇一二年に沖縄で米兵二人が女性に集団暴行した事件が発生したことで、岩国飛行場を含む在日米軍で米兵らに基地の外への外出禁止令が出されたことだった。

「三カ月は一銭も利益が出なかった。外国人相手とみられると日本人は敬遠してしまうから、店をたたもうかとも思ったよ」

岩国飛行場近くでレストランを営む永峯守俊さん

基地周辺に約八〇軒あった米兵相手の店舗は五軒ほどに減った。永峯さんは日本人向けにも食事を出す喫茶店のスタイルに変えて何とか切り盛りしてきた。目の前にある五〇〇グラムステーキは苦肉の策の産物だった。

「今やここはゴーストタウンになってしまった。基地で持っている町だ。基地がなくなれば何が残るんだ。岩国は錦帯橋だけあってもどうしようもない。オープンベース(航空祭)の時期には福岡や広島からもたくさん人が来る。今更返還されてもどうする。基地を観光にするくらいにして。部隊が多くきて、またかつてのように賑わってほしい」。永峯さんは艦載機が移転し米軍関係者が増えることに望みを抱いていた。

空母艦載機部隊が移転して、基地周辺は期待した通り潤ったのか。二〇二〇年一一月、再び木製の扉を開いてみた。

新型コロナウイルス禍ということもあり、午後八時でもあたりは明かりが消えていて、この店だけ入り口の明かりがこうこうとともっていた。永峯さんは無人のカウンターの奥でたばこを吹かしていた。

「周りはほとんどが潰れたが、ゲート近くは新しく開く店も出てきているね。でもおれなら不景気の今は絶対始めないな」と現実は厳しいようだった。客の比率は日本人と米軍関係者の半々に落ち着いたという。

「外国人は来る人は来るって感じかな。日本人相手じゃないともうやっていけないよ」

だが、その日本人客もコロナ禍であまり足を運ばなくなっていた。

基地内での飲食や店舗に続くメインゲートの改修などで、基地内や麻里布地区に米軍関係者が流れたと感じている。

「そんなに軍にしなきゃならんのかね。地位協定？　聞く度に頭にくるね。結局外は儲かっていないんだ。どうでもいいね。部隊がいくら増えても一緒よ」

艦載機部隊の移転に合わせて、店の扉に「WELCOME NAVY VAW 125」（ようこそ海軍ＶＡＷ１２５部隊。艦載機部隊のこと）と書いたメッセージを貼り付けたが、それも最近取り外したという。二〇一五年から二〇二〇年の取材中、米兵がカウンターに座る姿を見ることはついになかった。

第 5 章

自衛隊築城基地

――福岡県――

防衛省が築城基地を拡張するため取得を目指す福岡県築上町今津地区の農地

自衛隊基地のある福岡の小さな町

二〇一九年九月二二日、福岡県南東部にある築上《ちくじょう》町の役場支所二階で、私(宮城)は閉ざされた会議室の扉の隙間にぴったりと耳を押し当てていた。築上町にある自衛隊築城《ついき》基地を拡張するため、防衛省が築上町の自治会役員一四人に向けて初めて説明会を開いた。その取材のために、北九州市から車で一時間かけてこの場所を訪ねたあげく、壁にへばりついて会議室に聞き耳を立てていたのだ。

端から見れば滑稽に映るかもしれない。なぜ、こんなことをしなければならないのか。防衛省の「取材が入り公開されると、屈託ない意見が言えない恐れがある」という理由で、会議は冒頭を除き非公開だったからだ。取材に駆けつけた各社の記者たちは、冒頭の防衛省担当者のあいさつが終わると会議室から閉め出された。防衛省が基地を建設する際に開かれる地元住民への説明会は、多くがマスコミを入れた公開の場で実施される。それだけに今回の問題に対し防衛省が神経をとがらせていると感じていた。

声がくぐもっていて、防衛省側が住民に何を説明したか聞き取れなかったが、ときどき住民のものと思われる「それっておかしくないか」「我々の気持ちを逆撫でしている」という怒声が聞こえてきた。防衛省の説明に納得していないのが分かった。

説明会が始まって約一時間半後、「こんなばかな話ねえよな」と吐き捨てて、住民たちが会議室を出て帰路に向かった。階段を駆け下りて庁舎一階で一人に追いつき話しかけると、今津地区自治会長の大石良一さん(65)は「こんな住民を置き去りにした話があるか」と怒りを込めてまくし立てた。

約一万八〇〇〇人が住む築上町は、武家屋敷を思わせる古い瓦屋根の家が立ち並び、周囲は水田や田畑が広がる田舎町だが、町の北東部約二七〇万平方メートルを占める築城基地を抱える「基地の町」でもある。周防灘に面し、築上町、行橋市、みやこ町の一市二町にまたがる築城基地は、中国機などが領空を侵犯した際に昼夜問わず緊急発進(スクランブル)して対応する第八航空団が主力部隊だ。このほか、北部九州に接近する目標を撃墜する第七高射隊などが所属し、隊員数は約一五〇〇人。敷地に長さ二四〇〇メートルの滑走路があり、現在の自衛隊の主力戦闘機であるF2戦闘機約四〇機などが配備されている。

基地に近い今津地区は、時折鳥のさえずりも聞こえるのどかな集落だが、戦闘機が飛び立つと状況は一変する。ある日の昼さがり、私は周防灘に面した基地の滑走路に近い漁港にいた。そこは自衛隊機の離着陸が間近に見える場所で、機体を捉えようと県内外から航空機マニアが訪れる撮影スポットでもある。

彼らに交じって基地の方を眺めていた。海側からＦ２などの自衛隊機が飛来すると、思わず顔をしかめるほどの甲高い金属音が集落一帯に響き渡り、あたりで聞こえていた鳥のさえずりや海風の音など一切の音はかき消され、騒音だけに体が包まれるようだった。機体が着陸した後もエンジン音がしばらく低くうなっていた。着陸した自衛隊機に乗った自衛隊員がこちらに手を振り、マニアたちが次々とシャッターを切っていた。これが築上町の集落の日常だった。

寝耳に水の自衛隊基地拡張計画

後日、改めて話を聞くため、築城基地の滑走路から約一キロ先にある大石さん宅を訪ねた。普段は北九州市内で働く大石さんへの取材は、勤務後に町内に戻ってからの午後七時を過ぎる。住民が直面している問題を細かく聞くため、二時間近く話し込み、あたりが真っ暗になることもあった。あの甲高い自衛隊機の音はそのくらいの時間帯でも集落に響くこともあった。音の行方を気にする私に、大石さんは「毎日こんなもんだ。いちいち気にしてられないよ」と返した。自衛隊基地拡張計画に関連した資料が収められた分厚いファイルをめくりながら、大石さんは「まさに寝耳に水だった」とこの計画を知る発端を振り返った。

「基地を拡張するために防衛省が今津の土地を買収する計画があるそうだ」

防衛省の説明会から一カ月前の二〇一九年八月下旬、築上町役場の応接室に呼び出された大石さんらは、町幹部からそう打ち明けられた。

基地に隣接する今津地区にある農地約一四万平方メートルを地権者から買収し、基地を拡張する。そんな計画を防衛省が築上町に伝えてきたと打ち明けられた。しかも、防衛省はすでにその予算を計上しているという。

「土地が取られ、騒音などの基地被害が起こるかもしれないのに、防衛省は住民に話を通さないつもりなのか」

大石さんは驚きと怒りをにじませ、防衛省が住民に説明するよう町に求めた。

防衛省の計画はこうだった。築城基地には現在約四〇機の自衛隊戦闘機が常駐しているが、災害や有事が発生した際は二〇機程度の戦闘機や大型輸送機が飛来し、常駐機が使っている駐機場で人員や物資の積み下ろし作業をすることを想定する。だが、現在の基地の規模は常駐する四〇機を置くだけの面積しかないといい、災害や有事の際に常駐機を置く場所で積み下ろし作業をするために常駐機を別の場所に置く必要がある。そこで、常駐機を移動させて置く駐機場を作るために、新たに今津地区の農地を買収するというものだ。

築城基地では自衛隊機による通常の飛行訓練のほか、滑走路に置いた標的に標準を合わせて旋回を繰り返す「カメラミッション」という訓練などで騒音被害が甚大だった。町を通じて計画が伝えられた地区の役員たちからは「基地が拡張されて新たな駐機場ができれば、さらに騒音が増すのでは」との不安の声が聞かれた。だが、防衛省が住民にこの計画を知らせたのは、それから一カ月が経ってからだった。

もう一つの基地拡張計画

なぜこのタイミングで基地の拡張計画が持ち上がったのか。この自衛隊基地拡張計画には「布石」があった。

防衛省の自衛隊基地拡張計画の表明からさかのぼること約一〇カ月前の二〇一八年一〇月、日米両政府は築城基地と自衛隊新田原基地（宮崎県）の基地内に、米軍用の駐機場と弾薬庫などを新たに整備することを決めた。築城基地については、滑走路を現在より三〇〇メートル延長した二七〇〇メートルにすることも合意した。

この計画は、有事の際に築城基地内に米軍の戦闘機一二機、輸送機一機を受け入れるようにするためのもので駐機場を二〇二二年度までに整備し、米兵二〇〇人を受け入れることができる体制を整える。現在、滑走路を延伸する予定の築城基地内の海域で環境影響調査を実施している。

この日米合意には、米軍普天間飛行場（沖縄県）移設問題が絡んでいる。二〇〇六年に日米両政府が取り決めた米軍再編計画では、市街地のど真ん中にあり「世界一危険な基地」と称される普天間飛行場を返還する条件として、築城・新田原両基地が普天間飛行場に代わる有事の際の受け入れ機能を果たすことになっていたからだ。

大石さんら地区住民が知った築城基地の自衛隊基地拡張計画は、この米軍再編のための整備計画によって作られる米軍施設によって基地が手狭になったことから、いわば「玉突き」のような形で今津地区の農地を買収して新たに基地面積を増やす計画だ。米軍のために基地を整備する米軍再編計画、自衛隊基地の新たな面積を確保するための基地拡張計画。「事業」としては別々の計画だが、これらは地続きにつながっていた。

当初から不信感

こうした経緯があり、今津地区住民の騒音の増大などの住環境の変化はもちろん、最大の懸念は「基地が拡張されると利便性が高まり、米軍も使用するようになるのでは」ということだった。防衛省はこうした疑問に対して丁寧に説明し理解を得ないとならないのだが、結論から言うと、二つの計画は「別事業」ということを繰り返し、住民の不安や疑問を解消するような十分な説明をしなかった。

住民に向けた防衛省の説明会は非公式も合わせて計五回実施された。会合は非公開だったため立ち入ることはできなかったが、取材に応じた住民の一人から、全ての会合のやりとりが記録された音声データを入手した。ここからは、音声データを元に説明会で何が話し合われたか、主なやりとりを紹介するとともに、この問題を取材するために何度も通った築上町で出会った住民の話を交えながら問題を明らかにしたい。

説明会ではまず、防衛省の「お役所的な」手続き論に批判が集まった。住民への説明もなく土地を買収する予算を計上していたことだ。

—二〇二〇年度の概算要求を出しているというが？

「土地を買う予算を要求している」

—住民と話ができていないのにおかしくないか

「金額は申し上げられない。地権者との話し合いはこれから」

—話が決まっていないのに用地取得の金額が出るのか

「金額は適正価格で積算している。概算要求がないとご説明もできない。財務省との関係があるので、概算要求ができてなるべく早く(説明に)来た。言い訳に聞こえないかもしれないが」

—既に用地買収の予算要求しているのは住民の気持ちを無視している

「国の手続き上でこうなっているので申し訳ない」

これは九月二二日の初めての説明会でのやりとりだが、住民はこの時から防衛省への態度を硬化させていた。

一二年前の「再来」

住民が反発する背景には、こうした防衛省の対応が今に始まったことではないからだ。

実は、自衛隊基地拡張計画は過去にも一度浮上し、住民の反対で頓挫したことがあった。二〇〇七年、防衛省が基地を拡張して燃料タンクなどを整備するため農地約四万平方メートルを買収する計画だった。このときは、前年にあった米軍再編が住民の反発を招いた。

沖縄の基地負担軽減の一環で、米軍嘉手納基地（沖縄県）で実施している米軍戦闘機の日米合同訓練を、築城基地を含む全国六カ所の自衛隊基地に分散移転することが決まっていた。米軍の訓練が実施され基地負担が増えることに住民の反対の声が噴出する中で、米軍基地が集中する沖縄の負担軽減策として訓練を受け入れる見返りに、国の交付金を受け取ることとの天秤にかけ、「苦渋の決断」で訓練を受け入れたばかりだった。

その矢先にさらなる負担を懸念した住民が反発し、二〇〇八年にこの基地拡張計画は白紙撤回されていた。防衛省の言うように、確かに今回の計画とは用地面積も作る施設も違いはあるが、住民は「一度凍結された計画を蒸し返された」と忌避感を示していた。

築上町の住民は、沖縄の米軍の訓練を受け入れた上に、再編計画で普天間飛行場返還条件の一部を担わされている。沖縄の基地負担軽減の代償を負わされている側面はある。

「いままでも沖縄の負担軽減に協力してきたのに、まだ負担しないといけないのか」

取材にそうこぼす住民もいた。築上町に限らず、米軍や自衛隊基地が所在する自治体は、米軍再編によって大なり小なり在沖米軍の訓練を一部負担している。沖縄で実施していた訓練が県外に移った「空いた枠」に入るように米軍が別の訓練を沖縄で実施することがあり、必ずしも訓練移転が沖縄の負担軽減になっているとは言えない側面があるが、取材先でこうした声を聞くたびに、沖縄出身の私は申し訳ない思いに駆り立てられる。

日米安保を支持する国民が圧倒的に多い中で、戦後から安保の負担の大多数が沖縄に押しつけられていることに対する憤りはある。一方、沖縄で行われる米軍の訓練の移転先は、こうした基地がある自治体で、築上町のような首都圏から離れた過疎地ばかりが負担を融通し合っているのが現状だ。こうした地方ばかりが負担を強いられることで、多くの国民の目から日米安保の負の部分を考えなくて良いような構造になっている現実を突きつけられ、暗澹たる思いも抱く。

「緊急時の使用」といいながら訓練の可能性

説明会では、先述の米軍施設整備からの経緯があるため、米軍施設整備計画も含めた全体的な自衛隊基地拡張計画の意義や、米軍がどの程度基地を使用するのかも知りたい住民と、あくまで自衛隊基地拡張計画のみの説明に終始する防衛省側とで話は平行線をたどった。

「なぜ築城なのか」「災害や有事でどうして大きい面積が必要になるのか」など、住民が当然抱くであろう疑問について、防衛省は当初、「施設整備については説明できるが、部隊運用の話は知見がないので即答できない」と明言できず、住民をあきれさせた。米軍機の駐機数などを住民が質問して初めて明かすといったように、情報を小出しにする防衛省の情報公開の消極姿勢にも、住民は不信感を募らせた。

一方、住民から緊急時以外での米軍の訓練使用の可能性について問われると、防衛省は踏み込んだ発言もしている。次のやりとりがそうだ。

—有事というのはどういうとき？　戦争ではない？

「(苦笑)」

—いや、それを想定して考えているんだよね？

「はい。含めて。そういう場合を想定した訓練とかでも使う」

—訓練でも有事？

「有事を想定した訓練」

――有事を想定した訓練も入るわけ？

「はい」

詳細は後述するが、住民生活に大きな影響を及ぼしかねない米軍の「有事を想定した訓練」が築城基地で行われる可能性は、日米地位協定の運用と密接に関連していることを、ここで指摘しておきたい。

疑問が残る「なぜ築城か」

そもそも、なぜこうした計画が築城基地で必要なのか。住民への説明で、防衛省は新たに基地の拡張が必要な理由として「安保環境の変化」や「災害の増加」を強調していた。こういうやりとりがあった。

――絶対築城でなければいけないのか。小松基地（石川県）はダメなのか？

「西南西というのが重視されていて……」

――築城基地が地理的に重要な場所にあるのは分かるが、それは逼迫した問題なのか？

「逼迫と言うか……」

「そこも整理します」

防衛省に厳しい疑問を投げかける住民だが、決して反自衛隊というわけではない。むしろ、自衛隊自体には親しみを感じている人は多い。住民の一人で説明会にも出席した平尾公輔さん（85）は「自衛隊とは共存共栄してきた。築城住民も長く国防のために協力してきたという思いがある」と国防や自衛隊には理解を示してきた一人だ。

旧日本海軍が民有地を買収して整備された築城基地は太平洋戦争中、戦闘機のパイロットの訓練基地だった。戦況の悪化と共に、この場所から特攻隊が出撃し戦死者も出した。基地から五〇〇メートル先にある平尾さんの自宅には、平尾さんが国民学校低学年の頃、二人の特攻隊員が下宿した。自身も軍国少年だったといい、隊員たちと写した写真を大事にアルバムに収めていた。特攻作戦出撃前夜の隊員たちの様子、隊員が戦地へと飛び立つときなど、当時の思い出を描いた自作の紙芝居を私に見せると、時折涙を浮かべながら「彼らの犠牲の上に今の平和が成り立っている。それを私らはしっかり知っておかないといけない」と語った。軍隊と住民が共存していた歴史はこのときからあった。

戦時中に同居していた特攻兵の写真を手にする平尾公輔さん

戦後に米軍が進駐し、築城基地は朝鮮戦争の整備補給拠点となった。一九五三年の休戦協定で米軍が撤退するまで、町の中心街である築城駅周辺には米兵相手のバーやスナック、ダンスホールが軒を連ねた。米兵の事件事故もあったといい、平尾さんは「米軍はやりたい放題だった。中学生の頃は怖くて、暗くなると必ず電気を消して家の戸締まりをして用心していた」と話す。米軍関係者による事件事故が後を絶たない沖縄の基地を取り巻く状況にも思いを寄せていた。「米兵がいた時代を経験しているから、たまらないと思うのは分かるよ」。これが今回の米軍施設整備計画に反対する思いにつながっている。

米軍撤退後の一九五七年に航空自衛隊が配備されて訓練するようになると「特にカメラミッションは幼い頃の空襲体験を思い出させるので嫌だが、中国や北朝鮮など国際情勢を考えると仕方ない」と受け止めた。そんな平尾さんでも、今回の自衛隊基地拡張計画には反対していることを説明会の場で訴えていた。

戦前、築城基地がある土地は農地だった。表向きは旧日本海軍が買収しているが、八津田村（現在の築上町の一部）史や平尾さんによると、適正価格以下で手放したのが実情だ。戦前に先祖代々の土地を半ば強制的に取られた人は多く、二〇〇七年に突然浮上した最初の基地拡張計画では集落内で賛否が分かれ分断を生んだという。「国防は分かるが、最近は築城基地の対応が私たちの心を逆なでする行為が多い。これまでの負担は国防のために仕方ないと思ったが、具体的な説明をせず一方的に「安保環境が厳しいから」と納得させようとしている」と国の対応に不信感を募らせていた。説明会の場では防衛省の職員にこうも訴えていた。

「基地があることの惨めさを子や孫に感じてほしくない。土地を取られ、先祖にも後世にも申し訳ない。こうした心情を分かってください」

数字を「盛る」

防衛省の言う「安保環境の変化」とは何なのか。防衛省は住民との対話を重ねるごとに、安保環境がどう変化しているかについて具体的に説明してきた。例示したのは全国での中国機やロシア機の領空侵犯に対する自衛隊の緊急発進回数を示す防衛省の統計だった。説明会で示されたのは二〇一八年度の統計で、その年度は日本全体で計九九九回の緊急発進があり過去二番目に多かったと説明した。中でも築城、新田原、自衛隊那覇基地（沖縄県）の回数がそれぞれ増加しているとして「一〇年前と比べて安保環境の変化のスピードが格段に早まった」と強調した。ただ、住民がこの三基地それぞれの発進回数の内訳を問いただしたが、説明の場で具体的な数字は示さなかった。

私はここまで音声データを聞いていて疑問に思わざるを得なかった。そもそもこの数字の持ち出し方は適正なのか。

日本領空の防衛を担う航空自衛隊は、日本列島を四つの管轄に分け、「方面隊」と呼ばれる戦闘機や高射部隊などで構成される部隊が緊急発進などの防空任務にあたる。

方面隊は、北海道と北東北の上空を管轄する「北部航空方面隊」、南東北から近畿地方と四国の東側の一部を管轄する「中部航空方面隊」、中国四国地方と九州を管轄する「西部航空方面隊」、そして、沖縄本島と南西諸島を担う「南西航空方面隊」の四つがある。築城・新田原基地は西部航空方面隊に、那覇基地は南西航空方面隊に所属する。

先述したように、防衛省は築城基地の拡張計画の必要性について、中国機などの領空侵犯が相次いでいるという「安保環境の変化」を理由に挙げている。説明会でしきりに「築城、新田原、那覇が所属する西南西地域は緊急発生回数が増加している。これらの状況に鑑み、築城基地は各種事態に対処する上で重要な拠点」と強調していた。私はこの「西南西地域」という言い回しがずっと引っかかっていた。

防衛省の統計によると、二〇一八年度の緊急発進のうち、北部航空方面隊は二七七回、中部航空方面隊は五二回、西部航空方面隊は七四回、南西航空方面隊は五九六回だった。那覇基地が所属する南西航空方面隊の緊急発進がダントツで多いが、それに次ぐのは北部航空方面隊。築城や新田原基地が所属する西部航空方面隊は三番目で、南西航空方面隊に比べると発進回数がとりわけ多いわけではないことが分かる。

つまり、防衛省は空域の管轄エリアが違う那覇と築城・新田原を「西南西地域」という一方的な概念でひとくくりにして住民に「回数が増加している」と説明していた。近年は中国軍機などの領空侵犯が増加し、特に中国に近い南西航空方面隊管内での件数は「安保環境の変化」と言っていいかもしれないし、その対応は重要だろう。だが、状況が異なる場所を一緒くたにして「盛った」数字で住民に納得してもらうやり方は、これから基地の負担を強いるであろう住民へのごまかしとも言え、不誠実に思える。

築城の問題に限らず、「安保環境の変化」と危機感をあおるのであれば、正確で冷静な物差しを使って国民に防衛問題の現実に向きあってもらい、真剣に考えてもらわないことには理解も得られない。

築城基地トップ「懇願」も……

二〇一九年一〇月、今津地区自治会長の大石さんの携帯電話が鳴った。

「ちょっと話を聞いてもらえないだろうか」

声の主は当時の築城基地のトップ、佐藤信知・基地司令だった。その日の夜に大石さん宅を訪ねた佐藤基地司令は大石さんに「反対は待ってくれないだろうか」と頼み込んだ。今津地区自治会では自衛隊の基地拡張計画について、地区の意思表示をすることが決められていて、どこからかそれを聞きつけたらしかった。防衛省に対する不信感を募らせた住民の硬い態度は、基地トップが出ざるを得ないところまできていた。さらに佐藤基地司令は住民に意思表示するのを待ってもらうよう大石さんに根回ししてほしいと依頼したが、大石さんは「住民にそう説明したらいい」と取り合わなかった。

一〇月二七日の説明会に出席した佐藤基地司令は、今津地区自治会役員一五人を前に「遠からず、賛成反対の決議をするようなお話を聞いた」と切り出した。佐藤基地司令は、二〇〇七年の拡張計画が白紙撤回になったこと、基地拡張に関する住民への説明が遅れたこと、今津地区の農地買収を概算要求に計上してから住民に説明している点に触れながら「みなさんが一致して反対しなくても、意見を無視して強引に進めることはしないので、ニュートラルな形でもう少し話させてほしい」と訴えた。

「賛成反対を決めるには早すぎるのではないか。もう少し時間がほしい」

「賛成してくれとは言わない。態度を一時保留してほしい」

基地トップの「懇願」は言葉の節々に力を込めていた。だが、この説明から二週間後の一一月一〇日、今津地区自治会は全会一致で基地拡張に反対することを決議。防衛省は「地元の理解が得られずやむを得ない」として、二〇二〇年度予算案に用地取得や調査費を計上することを取りやめることとなった。

背に腹は代えられない役所の事情

一方、住民の思いとは別に、築上町には背に腹は代えられない事情がある。

築上町も全国の地方自治体の例に漏れず、一〇年以上前から人口は右肩下がりが続き過疎化の一途をたどる。住民税などの税収が減る中で「固定収入」となっているのが、基地があるが故に受け取る補助金や交付金だ。自衛隊や米軍の基地が置かれた土地は本来、開発や企業誘致などによって固定資産税などを受け取れる素地がある。だが、基地を置いたことでその機会を逸したとして、その補塡名目で築上町にも「基地交付金」が毎年交付されている。

それに加え、二〇〇六年に米軍再編の一環で嘉手納基地の戦闘機訓練を受け入れた見返りに「再編交付金」も受ける。こうした基地関連補助金、交付金は町の一八年度予算約一一九億六五〇〇万円のうち約一〇％を占めている。ある町職員は「正直、財政的に大変助かっている」と打ち明ける。

再編交付金は基地負担を受け入れた分だけ金額が支給されるいわば「出来高払い」で、米軍の訓練の実施先となった築上町の場合は、訓練が実際にどれくらい行われたか、その度合いで交付額が決まってくる。別の町職員は「訓練が増えれば当然交付額も増える。ここだけの話、米軍施設整備で滑走路が沖合に延伸するのであれば米軍の訓練ももっとやってほしいんですけどね」と声を潜める。

「基地の町」の様子も様変わりした。米軍撤退後に航空自衛隊が配備されると、市街地の築城駅前にはバーやスナックが軒を並べ、約三〇年前までは「駅前から目をつぶって歩けば飲み屋にぶつかる」と言われるほど大勢の人でにぎわっていたという。だが、基地拡張問題があった二〇一九年に駅前を訪ねると、シャッターが閉まった店舗が並び、スナックなどの飲食店が数軒明かりをともすのみとなっていた。ある町職員に「築上町で飲み歩けるところって少ないのでは」と尋ねると、職員はこうぼやいた。

「帰宅時に築城駅でよく自衛隊員に出くわすんです。彼らは隣の行橋市の居酒屋に飲みに行く。幹部とかは地域との付き合い上、町内に行き付けがあるんでしょうけど、ほとんどの隊員は行橋で飲んで築上町に寝に帰るんです」

全国で自衛隊基地の誘致話が取り沙汰されるとき、誘致を進める側の理由の一つとして「隊員の増加による地域活性化」がよく喧伝される。だが、築上町にはこうした恩恵はみられなかった。

問題の根源に日米地位協定

築上町の住民が直面している問題の根源にあるのは、日米地位協定の欠陥と国民の生活上の安全や平穏を犠牲にした運用だ。

繰り返しになるが、築城基地で米軍訓練が行われたり、そのための滑走路延長工事が予定されたりしている背景には、政府による「沖縄の負担軽減」策がある。そもそも、在沖米軍の訓練を沖縄県外に移転する以外に「負担軽減」の方法はないのか。現在の日米地位協定のもとでは実際のところない。そこに大きな問題がある。

日米地位協定は米軍の訓練を基地の中で行うことが前提となっており、米軍機の飛行訓練に関する規定がない。そのため、日米地位協定第五条第二項の、米軍機は米軍基地の出入りや基地と基地との間の移動、基地と民間空港・港との間の移動ができるという規定を根拠に、米軍は飛行訓練を正当化している。日本政府も、米軍の訓練は周辺諸国への抑止力となっており日本の安全保障上重要だとして、訓練を制限するどころか航空法など国内法令の適用を除外して、米軍機の自由な飛行を容認してきた。その結果、在日米軍は移動を名目に日本全土で深夜・早朝の米軍機の離着陸や市街地での低空飛行などを行い、住民を巻き込んださまざまな事故や騒音等の被害を引き起こしている。特に、在日米軍専用施設の約七割が集中している沖縄の事故や被害の状況は深刻だ。

厚木(神奈川県)、横田(東京都)、普天間・嘉手納の各米軍基地については、日米地位協定の運用を両政府の代表が話し合う日米合同委員会で騒音規制措置が取り決められているが、内容は米軍の努力目標にすぎず守られていない。いずれの規制措置の合意文書にも、在日米軍が必要、もしくは緊急だと判断した場合には規制が除外されると明記されているからだ。

　このような日米地位協定の現状において、米軍の飛行訓練がもとで起こる事故や騒音が基地周辺の住民にのしかかる負担を軽減するには、訓練が行われる場所をほかに移すしかない。いわば負担のたらいまわしだ。ただし前述したように、在沖米軍の訓練の拡大・強化や外来機の飛来によって、米軍の訓練の一部が県外に移転されても沖縄の負担は軽くなっていないという別の問題もある。

基地の共同使用の問題点

　米軍専用施設が集中する沖縄とは異なり、九州で米軍が訓練に使用しているのは主に自衛隊基地だ。築城基地のほかに自衛隊日出生台《ひじゅうだい》演習場(大分県)、新田原基地、自衛隊鹿屋《かのや》基地(鹿児島県)などが使われている。

　日米地位協定第三条では、日本の国有地であっても米軍専用施設の管理権は米軍が持つこととされ、日本側は何人たりとも米軍の許可なしに基地に立ち入ることができない。基地内の訓練は日本の国内法令が適用されず自由に行われ、山火事などの事故や有害物質による土壌・水質汚染が発生しても、米軍からの報告がない限り日本側は事実を知ることができない。また第四条の規定により、米軍には環境破壊・汚染された基地の原状回復義務や補償の必要がない。

加えて、第九条により米兵はパスポートや荷物のチェック、検疫を受けずに日本を出入国できるため、海外の基地から日本国内の基地へと軍用機で直接移動できる。これは日本各地の米軍基地内でのコロナ感染拡大の要因となった。

さらに、第一七条と日米地位協定合意議事録により、米軍関係者が事故や犯罪を起こした場合、基地の内外にかかわらず公務中であれば日本の警察は捜査ができない。現場検証や証拠品の押収、被疑者の身柄拘束と裁判は米軍が行う。しかも第一八条では、米軍の訓練で日本の民間人に被害が出た場合に、日本の裁判所が賠償を命じても米軍は従う必要がないようになっている。これまで日本各地で米軍の飛行訓練による騒音被害への賠償と飛行差し止めを求める訴訟が住民によって起こされ、騒音被害への賠償が認められてきたが、米軍には応じる義務がないため日本政府が賠償を肩代わりしている。米軍は訓練による被害の責任を認めない限り賠償の義務がなく、責任を認めた場合でも賠償額の減額を要求することが多い。しかも賠償額を全額支払うわけではない。日本政府が賠償額の二五％以上を負担すると決まっているからだ。

自衛隊基地で米軍が訓練を行う場合にはどうか。日米地位協定第二条第四項(b)は、自衛隊基地のような日本側の管理権下にある施設を、米軍が「一定の期間を限って」使用できるとしている。逆にいえば、使用期間以外に制限はないということだ。しかも、期間は日米合同委員会で施設ごとに取り決めることとされており、日本政府の合意があればいくらでも使える。実際、陸上自衛隊が管理する東富士演習場（静岡県）・北富士演習場（山梨県）では一年の半分以上の期間、米海兵隊が訓練を行っている。築上町の住民が、「米軍の常駐化」を懸念するゆえんだ。

日米地位協定で取り締まられない米軍による騒音や環境汚染、感染症の拡大、事故・犯罪を危惧する自治体は、米軍訓練を地元の自衛隊基地で受け入れる際、地域の防衛局と「協定」を結び、米軍訓練で問題が発生しないよう日本政府に対応を求めてきた。具体的には、米軍訓練の種類や規模、日数を各協定で制限するなどしている。だが、米側が協定の当事者ではないため拘束力がなく、協定で実施しないよう求めている夜間演習が行われたり、協定で想定していない訓練や米軍機の飛来が発生しているのが現状だ。

日本政府の不誠実な説明

築上町の住民の反発に火を注いだのは、ここまで述べた日米地位協定の問題に対応する姿勢を見せるどころか、むしろ問題はないかのような説明に終始した防衛省の姿勢だ。米軍が使うための築城基地の整備計画とそれで手狭になる基地の拡張計画は、どう考えてもセットであるにもかかわらず、防衛省は、両者は「別事業」で米軍の基地使用は「緊急時」の話だと繰り返し、基地の整備・拡張による米軍の日常的な訓練はないと印象づけようとした。

その防衛省も住民とのやりとりの中で、基地の整備・拡張による米軍の「有事を想定した訓練」はあると認めている。防衛省の説明に欠けているのは、有事や緊急時に築城基地を使うためには普段からその場所で訓練を行う必要があるという、在日米軍の基本な考え方である。日米地位協定には有事と平時の区別がないので、在日米軍は常に有事や緊急時を前提とした活動が認められている。深夜・早朝の離着陸や低空飛行、パラシュート降下訓練など、住民に深刻な騒音被害や恐怖を与える訓練はいずれも有事・緊急時を想定したものだ。米軍が「緊急時」しか築城基地に来ないという防衛省の説明が、住民の信用を得られないのは当然だ。

日米地位協定に関する説明でも防衛省の不誠実さが露呈した。防衛省は説明会で住民から自衛隊基地拡張計画によって整備された基地を米軍が使えるのか問われた際、こんな説明をしている。

「ここを米軍が使うのであれば法的根拠がいるが、法的根拠をかける予定は今のところない。なのでここは米軍は使えない」「米軍の駐機場は既存の（築城基地の）中に作る。それ以外のところは逆に米軍は使えない。ここは使える、ここは使えないというのは日米間で合意した上で提供したことになる」

この「法的根拠」とは、日米地位協定第二条第四項に、基地の共同使用については日米合同委員会の合意が必要だと明記されていることを指す。逆にいえば、日米合同委員会で合意されれば米軍は築城基地の拡張部分も使えるということだ。日米合同委員会の日本側代表は外務省北米局長、代表代理も関係省庁の官僚であり、自治体は話し合いに一切関与できない。また日米合同委員会の議事録は非公表とされ、日米両政府が問題ないと判断した合意事項のみが公開されるルールとなっている。もし日米両政府が拡張部分の米軍使用について合意しても、自治体や住民は異議を唱える機会がないまま、米軍が拡張部分を使用する事態を目の当たりにして初めて合意を知らされるということになりかねない。

築城基地と福岡空港の「米軍基地化」?

防衛省はあきらめたわけではなく、今後も用地買収に向けた地元との話し合いを続ける方針だ。町内会長の大石さんは不安げに言う。

「住民が一三年前も今も反対しても、防衛省は「国策だから」とごり押ししてくる。こっちが疲れるまで続けるつもりなのか」

数字や米軍側の状況も、築城基地の「米軍基地化」に対する大石さんをはじめとする住民の懸念を裏づけている。

築城基地では近年、米軍機の飛来が相次いでいる。約一二〇キロ離れた米軍岩国飛行場(山口県)所属の米軍機の緊急着陸は一五年度と一七年度はそれぞれ一件だったが、空母艦載機部隊が厚木基地から岩国飛行場に移転した一八年度には三〇件に急増。一九年度は六件で、そのほとんどが老朽化したＦＡ18戦闘攻撃機のトラブルが主な原因とされる。毎日新聞が入手した岩国飛行場の米軍機操縦マニュアルには「緊急時の着陸先は第一に築城」と明記している。築城基地の滑走路が延長されてより利便性が高まれば、緊急着陸の増加や米軍機の飛来による墜落のリスクは高まると予想される。

背景には岩国飛行場の事情がある。同飛行場には二〇一四年に普天間飛行場からＫＣ１３０空中給油機の部隊が、二〇一八年に厚木基地から空母艦載機の部隊が移転。約一二〇機の常駐機を抱える極東最大規模の基地となった。そのため、訓練スペースが十分に確保できておらず、岩国所属の米軍機が緊急着陸の名目で築城に離着陸の訓練を行う機会が増えているのだろう。日米地位協定上、緊急着陸と訓練の区別はないからだ。

緊急着陸の名目にとどまらず、米軍が築城基地を日常の訓練で使用する可能性もある。一七年に米会計検査院が米議会に提出した報告書によれば、在日米軍の高官が次のように証言している。

「岩国飛行場は海兵隊の訓練スペースが不足しているが、岩国所属の空中給油機の訓練が認められている鹿屋基地では訓練上の要件が満たせない。そのため部隊は訓練で沖縄に戻り、燃料や装備のメンテナンスに余計な費用をかけている。〔中略〕日米両国は鹿屋以外の訓練地を研究中だ」

築城基地の滑走路が延長されれば、岩国飛行場と同じく海兵隊が管理する普天間飛行場の滑走路と同じ長さになる。岩国飛行場から近く、訓練地としては最適だろう。防衛省は「現時点で具体的な計画はない」とするが、在日米軍司令部は毎日新聞の取材に、二〇〇六年の米軍再編で、岩国や沖縄の海兵隊が保有するMV22オスプレイや空中給油機の訓練の大半を、築城基地を含む日本本土六つの自衛隊基地に移転することが合意されていることを明かした。さらに一一年には日米合同委員会で、〇六年の再編合意と一〇年の日米両政府「2＋2」合意にもとづく訓練移転の拡充が合意されている。

築城基地が「米軍基地化」されれば、影響はその周辺の住民にとどまらない。日米地位協定第五条は、米軍に日本国内の民間空港や港の使用を許している。米軍は民間空港を使用する際に通告の義務がなく着陸料を免除される。緊急着陸の場合には給油施設使用料などの空港使用料も免除される(ただし、米軍の救援機が使用する場合には空港使用料を徴収)。また、日米地位協定第七条が米軍に日本の公共施設の優先的な使用を認めているため、米軍機の民間空港への着陸は民間航空機よりも優先される。

このような利便性の良さもあって、米軍の民間空港使用回数は増大傾向にある。実際に二〇一四年から一八年にかけての五年間で、米軍機は福岡空港に三四九回、鹿児島県奄美空港に二一六回、長崎空港に二〇六回、熊本空港に八二回、種子島空港に六四回着陸している。九州七県の民間空港への着陸が、国内全体計一六〇五回の実に約六割を占めているのだ。もし築城基地に米軍機が頻繁に飛来するようになれば、その周辺の民間空港への米軍機の緊急着陸も増えることは想像にかたくない。

第 6 章

自衛隊新田原基地

——宮崎県——

新田原基地のすぐ横にある櫓から自衛隊機を撮影する人たち．テーブルを設置しミカンをほおばるなど憩いの場となっている

爆音緑茶

二〇二一年一一月、私（宮城）が宮崎市から車を三〇分北に走らせ、日向大橋を渡ると、さっそく自衛隊のＦ15戦闘機の轟音が響いてきた。窓を閉め切っても空気を切るようなうなりを上げた高音に思わず顔をしかめた。宮崎県新富町の役場や商店街がある町中心部から二キロほど離れた山道を通るとオレンジ色のフェンスが目の前に見えた。標高約八〇メートルの高台に自衛隊新田原《にゅうたばる》基地がある。

茶畑などの農地に囲まれ、農業用トラクターが公道を走る。基地内には宮崎県の木であるフェニックスが植えられ、どこか南国情緒も感じさせる。この場所に最新鋭戦闘機が配備され、緊張する東アジア情勢を警戒する前線になるとは思えないほどあたりは落ち着いていた。

突然、あたりに金属音のような甲高い音と低いエンジン音が内耳に響いた。基地から自衛隊機が続けざまに四機、市街地に向かって飛び立っていた。鳥や虫の鳴き声しか聞こえない農地ののんびりした雰囲気を轟音が一気にかき消した。

自衛隊基地周辺には「国防に感謝」と書かれた隊友会の看板が点在する。基地正面ゲートの近くにある茶屋に入り休憩したが、店舗が滑走路付近に位置しているため、自衛隊機の離着陸の轟音が気になって気持ちが落ち着かない。ふと、隣のテーブルを見ると、小学校低学年くらいの女児が抹茶ソフトクリームを食べながら、滑走路に着陸した戦闘機に向かって手を振っていた。

店内に陳列された商品が目に留まった。その名も「爆音緑茶」。商品は「新田原基地の目の前で育ったお茶は毎日のように爆音を聴いてストロングな味になりました‼」と紹介されていた。店主の男性は「自衛隊機を撮影する人や隊員さんが時々寄ってお土産に買っていってくれる」と話す。騒音を聞くと味は違うのか尋ねると、「比較したことはないが、力強く味わい深いものに仕上がりましたね」と笑った。

住民と自衛隊の歩み

住民と自衛隊との歩みは長い。旧日本陸軍が新富町の前身の新田村の耕作地を買い取ったのは一九四一年。飛行訓練基地として使われ、日本初のパラシュート部隊も配備された。この部隊は南洋戦線で戦果を挙げたことから、新田原は後に「落下傘部隊発祥の地」とも呼ばれる。一九四二年からは南方作戦の唯一の航空輸送を担う実戦基地となり、終戦間際にはこの基地から多くの特攻兵が南方へ飛び立った。

新田原基地は戦後にいったん解放され、旧日本軍が借用していた基地隣接の土地も所有者に返され、再び耕作地となった。だが、朝鮮戦争を機に発足した自衛隊に航空部隊(航空自衛隊)を設立することが構想され、基地の候補地としてこの地が挙げられた。住民の一部や村長、商工会などが「大きな産業がないこの地と近郊の経済と国防のために」と誘致運動を始めた。朝鮮戦争の特需により内需が好転しており、食糧需要も落ちついた時期だった。激しい反対運動も起きたが、地主たちが買収に応じ一九五七年に新田原基地が整備される。その後も基地拡張を繰り返し、現在の約二七〇〇メートルの滑走路を持つ約二八六万平方メートルの基地となった。

装備の変更も繰り返され、一九八二年からはF15戦闘機が配備されて、同じ九州の自衛隊築城基地(福岡県)とともに、中国やロシアなどの戦闘機による領空侵犯の対応(スクランブル)にあたるのが主な任務だ。軍事的に台頭する中国などに対応するために自衛隊が進める「南西シフト」の一翼を担っている。

進む「米軍基地化」

基地南側のフェンス沿いは、離着陸を繰り返す自衛隊機をカメラに収める航空機ファンたちの撮影スポットとなっている。この場所は国有地だが、機体を撮影しやすいよう、いつの間にか高さ四メートルほどの鉄筋の櫓《やぐら》やベンチ、テーブル代わりの木製のケーブルドラムが置かれていた。さながら住民の憩いの場となっている。取材に行った日も地元住民と思われる高齢男性や航空機ファンたち五人が、ミカンをほおばりながら基地を飛び立つF15戦闘機を眺めたり写真に収めたりしていた。

だが、そこにいた男性によれば、現在進められている基地の拡張工事でこの場所はそのうちなくなってしまうという。

近年は米軍再編に伴い、米軍との付き合いも密接になってきた。二〇一八年に日米両政府は築城基地と新田原基地に米軍用の緊急時の受け入れ施設を整備することを合意した。米軍再編のロードマップに基づく、米軍普天間飛行場（沖縄県）が返還されるための条件の一つだ。

米軍機用駐機場や弾薬庫をつくり基地を拡張するため、住民たちの「憩いの場」も、拡張分の用地となるという。国は二〇二二年度の完成を目指していて、基地内ではいくつかのパワーショベルが稼働し、大型ダンプが基地南側の通行口を往来する。作業員もせわしなく交通整理していた。

整備計画が報道されたとき、住民の一部からは「新田原基地が米軍基地化する」という批判もあった。だが、「憩いの場」で戦闘機を眺めていた男性は勇ましかった。

「日米同盟といって日本人は平和ぼけしている。守ってもらうのではなく、有事の際は自衛隊がまず先だし米軍と連携して戦うんだ。基地周辺がどんなに反対したってダメだよね。だって上で決まっているんだから」

「上」というのはこの場合、日米地位協定に明記された日米合同委員会を指す。こうした計画は合同委による合意がされた後に地元住民は知ることとなる。防衛省の担当者が基地周辺住民向けに説明会を開くが、地元の意思が反映されるかは不透明だ。

築城基地と同様に、計画では新田原基地内に米軍用弾薬庫や燃料タンク、駐機場などが整備される。米軍は常駐しないが、緊急時には米軍の戦闘機一二機、輸送機一機、米兵約二〇〇人を受け入れることができるという。

二〇二〇年七月に町内六地区であった防衛省の説明会では、「緊急時とはどういう事態か」や普天間飛行場にはない弾薬庫を整備する理由などの質問が相次いだ。だが、緊急時は「様々なケースがあるため一概には言えないが、武力攻撃を受けた場合も想定する」と答える一方、多くが「持ち帰りたい」と回答を保留する場面が目立ったという。

自宅が弾薬庫予定地に近く、当時区長だった桑野博之さん(60)は「何を聞いても回答が控えられ、その後も新型コロナウイルスを理由に説明の場は設けられていない」と不満を口にする。

建設が予定されている弾薬庫は、自宅から約四〇〇メートル先にあり、基地の機能が強化されれば、その分狙われるリスクも気がかりだという。地区内でもこうした不安の声はあるが、一方で「何を言ってもダメだよね。国が造りますというともう反対しようがない」と諦めの雰囲気が漂う。

第5章でも説明した通り、毎日新聞が入手した米軍岩国飛行場(山口県)の米軍機操縦マニュアルには「緊急時の着陸先は第一に築城」と明記され、その次に新田原が名指しされている。築城基地では緊急時の受け入れのために滑走路を延長するための工事が現在進められているが、新田原は既に戦闘機が離着陸するために十分な距離の滑走路がある。築城基地と同様に緊急着陸の増加や米軍機の飛来による墜落のリスクは高まることが予想される。

また、在日米軍司令部は取材に対して、二〇〇六年の米軍再編で、岩国や沖縄の海兵隊が保有するMV22オスプレイや空中給油機の訓練の大半を、築城基地や新田原基地など日本本土にある六つの自衛隊基地に移転することが合意されていると明かす。しかも、緊急時のみならず平時にも使用する可能性を示している。自衛隊基地を米軍が使用することを想定した日米地位協定第二条第四項(b)がこうした運用を可能にしている。

築城基地の事例に加え、こうした説明は新田原基地周辺でも語られてこなかった。「内容が分からないんだよね。宮崎が選ばれたのも防衛省が一番やりやすいからなんじゃない？　文句言う人がいないんだもの」と桑野さん。「騒音が激しくなるから本当はみんな反対だと思うよ。でも何もならないんだもの。諦めだよね」と困惑した様子を隠さなかった。

コロナ禍の基地外宿泊狂騒曲

二〇二一年一一月中旬、全国的にも新型コロナウイルスの感染が落ち着き、宮崎県一の繁華街・ニシタチの夜はにぎわっていた。市内のビジネスホテルは一泊一万円クラスまで高騰するほど観光客が訪れ、酔い客を捕まえようとタクシーがネオン街を行き交う。しかし、客を呼び込む声や笑い声が響くこの場所では約一年前、米兵が出歩かないか防衛局や地元自治体職員が神経をとがらせていた。

「米軍から宿泊予約の問い合わせがあったが、どうすればいいですか?」

二〇二〇年九月一七日、宮崎県内のホテルから、宮崎県危機管理課にこうした問い合わせがあった。一〇月一二日から沖縄県の米軍嘉手納基地所属の部隊約二〇〇人が、新田原基地での日米共同訓練のため来県することが決まっていたが、県は事前に九州防衛局から基地の外で宿泊することを知らされていなかった。

「一体どういうことだ」

宮崎県の担当者は困惑を隠せなかった。

自衛隊と米軍が連携を図る日米共同訓練は一九八〇年代から実施されてきた。新田原基地は八〇年に日本で初めて自衛隊基地で日米共同訓練が実施された「防衛協力の先進地」で、同年から二〇〇〇年まで計一五回訓練をしていた。二〇〇七年からは米軍再編により沖縄の基地負担軽減を名目に、嘉手納、岩国、三沢（青森県）の米軍基地所属部隊の訓練を、新田原、三沢、千歳（北海道）、百里（茨城）、小松（石川）、築城の六つの航空自衛隊基地に分散し、日米共同訓練をすることとなり、新田原の米軍再編に伴う訓練は二〇一八年までに九回実施された。

これまでの訓練期間中、米兵たちの多くは基地内にある宿泊施設に滞在していて、県は今回も同様に基地内宿泊するものだと認識していた。基地外宿泊の予定を知った二週間後の九月三〇日、九州防衛局がようやく米軍が基地外のホテルに宿泊予約したことを伝えてきた。

宮崎県でも日米共同訓練の度に、沖縄で多発している米軍関係者による事件事故を念頭に米軍の来県に反対する声も根強いが、この時に県側が特に懸念を示したのは、全国的に流行していた新型コロナの影響だった。

全国的に新型コロナの感染者が増えていた二〇二〇年夏は、宮崎県内の感染者が最大二〇人程度に抑えられていた。緊急事態宣言下にあった全国にならい、県独自の休業要請などの対策を講じた結果、訓練開始が取り沙汰された九〜一〇月ごろは感染者が〇〜二人と落ち着き、飲食店や観光の客足が戻りつつあった。

一方、沖縄では米軍基地関係者の感染が広がっていた。日米地位協定第九条では米軍関係者は日本入国時の検疫を受ける必要がない。二〇二〇年三月には嘉手納基地でクラスター（感染者集団)が発生し、他の米軍施設でもこの時点で四〇〇人以上に感染が広がっていた。米軍の基地外宿泊が報じられると市民からは、コロナで落ち込んだ経済を回すために米兵の基地外宿泊を歓迎する声と、コロナ感染が広がることを懸念する声が寄せられた。

県の問い合わせに、防衛局は「米軍の運用のことなので言えない」と詳細を語らなかった。ここでも米軍の訓練について規制できない日米地位協定の壁に阻まれた。そうしている間に米軍の先遣隊五〇人が市内のホテルに宿泊した。河野俊嗣知事や基地周辺の首長が防衛省の中山泰秀副大臣を訪問し基地内宿泊の要望書を提出し直談判した。宮崎県議会と市議会が基地内宿泊を求める意見書を全会一致で可決したが、いずれも聞き入れられなかった。

米軍側が基地外宿泊を決めたのもまた、コロナ対策だった。新田原基地内にある米軍用宿泊施設は二〇〇人が収容できるが、複数人が相部屋でシャワー室が共用など米兵同士の密を避けられないという。そのため、基地内宿泊施設を感染者が出た場合の隔離場所として確保し、米兵を基地外に宿泊させる方針をとったのだ。県が求める訓練に参加する米兵のリストの提供は拒んだが、全員がＰＣＲ検査で陰性だったことを示す書類を提出。地元のコロナ感染の懸念に一定の配慮を見せる様子もあった。米兵自らレンタカーを運転して基地まで移動し、バーやナイトクラブなどは利用せず午前一時以降の外出はしないなど対策をしていた。

それでも県民の不安が払拭できないため、県側は米兵に新型コロナの感染者が出た場合は、最大二五〇人を収容することも可能とする市内の宿泊施設に隔離させる「代替策」を提案した。だが、県側と米軍側のコロナ対策の齟齬は埋まることなく訓練期間を迎え、当初の予定通り基地外宿泊を押し切られた。

県や宮崎市の職員が防衛局の巡回に同行して見回るほか、県は危機管理課内に連絡本部を設け、トラブルなどがあった場合の窓口として二四時間対応することとなった。何とか外出を極力控えてもらうよう、ハンバーガーなどのデリバリーを利用させるなど苦心した。防衛省の消極的な情報提供の仕方に、ある県職員は「そもそも今回の端緒もホテル側からの連絡があってから。本来ならしかるべき時期に防衛局の方から連絡があり、基地外の宿泊について相談があるべきなのに」と厳しい表情を見せた。

確認書も曖昧な表現に

九州防衛局の局長は訓練を目前にした一〇月二六日に県庁を訪ね、基地周辺自治体の首長らに「若干手薄になった点はあった」と不手際を認めた。今後、米兵がどこに宿泊するのかなどの情報が事前に提供される体制づくりが課題となった。

日米地位協定では米軍の訓練について規定がないため、政府や基地所在自治体は米軍の訓練を規制することができない。一方、日米地位協定第二条第四項(b)により米軍は自衛隊基地を使用することが認められる。それにより、米軍が常駐しない都道府県にも米軍が訪れることがある。

米軍が訓練で自衛隊基地を使用する場合、その地元自治体が米軍側にすべきこと、してほしくないことについて防衛省を通じて求める協定書を地元の防衛局と結ぶことがある。米軍の訓練を止められない代わりのせめてもの次善策だ。

新田原基地では一九八〇年に日米共同訓練が始まった時に新富町と防衛施設庁が協定書を結んだ。恒久的な米軍の基地化はしないこと、米軍人の基地外での行動で、住民に不安を与えないようにすること、騒音対策などを積極的に行うことが定められた。

米軍再編で嘉手納基地所属部隊の訓練の一部が新田原基地に移転されることが決まると、二〇〇七年四月に新富町などの二市三町が防衛省と協定書を締結する。ただ、この時は騒音対策に加え、地域振興についてどこまで踏み込むかが焦点だった。今回問題となっている米兵の基地内宿泊は明記しておらず、「基地内に宿泊施設があるから、米兵は原則基地内に泊まるものだという認識だった」(県の担当者)と宿泊の対応への曖昧さが問題の原因の一つになった。ある基地周辺自治体の担当者は「口頭での要請で済まして口約束となり、結局、「言った、言わなかった」という話になった。今回の件を通じて、このままなあなあにせず、文書化しないとまずいという流れになった」と打ち明ける。

問題を受けて地元自治体と九州防衛局が新たに確認書を結んだ。確認書はこれまでの協定書の不備を補うための「補足協定」のような位置づけだが、訓練に参加する米兵について「国は新田原基地内に整備した宿泊施設を使用するよう米軍と調整し、その実現に努める」、「また、国は新型コロナウイルスの拡大など通常と異なる状況下でも基地内での宿泊が可能となるよう既存宿泊施設の改修なども視野に検討する」と明記した。訓練計画の情報提供などについて九州防衛局と基地周辺自治体で構成する連絡協議会を設置することも明記した。

県の担当者は「オブザーバーの立場である県が今回は前面に出たことが珍しい」と意義を強調する。だが、肝心の基地内宿泊についての文言は「実現に努める」「検討する」などと表現が曖昧になった。このことについて県の担当者は、「あまり踏み込むと米軍と直接相手する防衛局が難色を示すのでこの表現に落ち着いた」とこぼした。

ただ、この文言をめぐっては、新田原基地の地元・新富町からの「異議」も影響したとみられる。

取材に応じた新富町の小嶋崇嗣町長は「僕自身は日本国内は居住の自由があるだろうと思っているんです」と答えた。普段は米軍と接する機会が少なく、新型コロナウイルス対策に神経をとがらせる県や宮崎市と、訓練の度に歓迎会や学校訪問などで米兵との交流もしてきた新富町とでは、米軍に対する距離感に濃淡がある。

小嶋町長は「税金でつくった宿泊施設があれば原則そこに泊まるのは当然。でもそこに入りきれないだとかコロナ対策ができていないため基地外に泊まるとなれば、外で泊まることは最善だと思う。彼らからすれば、日本を守る訓練として一緒に参加してくれってお願いしながら、でも来たら閉じこもってくれって言うのは差別的な対応だと思い、違和感があった」と協議会内でも一枚岩ではなかったことを明かした。

協定書に「検討する」とされていた基地内施設の改修についてはその後どうなったのか。県や新富町などの担当者に尋ねたが、誰も分からなかった。

抑止力のない協定書

自治体の苦肉の策である協定書だが、自治体の要望を防衛省が了承したにすぎず、合意に関わっていない米軍にとっては努力義務でさえないため、協定書の「違反」が起こる。

例えば、自衛隊日出生台演習場(大分県)では一九九七年から在沖海兵隊の実弾射撃訓練が行われているが、訓練の増大に伴って二〇一二年、周辺自治体は九州防衛局との間で米軍の夜間訓練を夜八時までとするよう求める覚書を結んだ(一七年には確認書に格上げしている)。しかし、米軍は一四年と一六年に夜八時以降の実弾射撃を一回ずつ行い、二〇年には計五日間にわたって夜八時以降の実弾射撃訓練を実施した。

二〇二〇年の「違反」の際には、広瀬勝貞・大分県知事が河野太郎防衛大臣と面会して再発防止を申し入れ、河野大臣もこれに応じて日米合同委員会で取り上げると約束した。ところが、河野大臣から替わった岸信夫防衛大臣は二一年三月一八日、米軍の即応能力の維持を理由に米側が県の要望を受け入れなかったことを広瀬知事に伝える。

日米地位協定第二条第四項(b)には、米軍は自衛隊基地を「一定の期間を限って使用すべき」とあるが、使用の時間帯を限定することはできないのか。自衛隊基地での米軍の訓練の内容は日米合同委員会で話し合って決めることになっているのに、なぜ日本側は米側に夜間訓練の自粛を要求できないのか。日出生台演習場を管理する陸上自衛隊は、地元の要請を受け入れて夜八時までの訓練時間を守っているにもかかわらずだ。これは、国内法令や防衛大臣の指示・命令が適用される自衛隊基地での訓練であっても、米軍には国内法令等が適用されず、日米地位協定には米軍訓練に関する制限がないためである。

まして米軍基地での訓練となれば、自治体の要請は一顧だにされないのが実情だ。米軍佐世保基地横瀬駐機場のある長崎県西海市は二〇〇〇年、海軍がエアクッション型揚陸艇LCACの夜間航行訓練を夜間や早朝に行わないよう、九州防衛局が米軍と調整することを取り決めた協定書を結んだ。しかし、米軍は一七年から夜間訓練を定期的に実施するようになり、「違反」のたびに西海市が九州防衛局に抗議するも現在に至るまで状況は改善されていない。

台湾有事を見すえたF35B配備

二〇二一年一二月、再び新田原基地南側にある「憩いの場」を訪ねると、航空機ファン数人が、自衛隊機が離着陸する様子を一眼レフカメラに収めながら談笑していた。話題は防衛省が二〇二二年度予算の概算要求で取得費五二一億円を計上したF35B最新鋭戦闘機についてだった。国は新田原基地が最適地だとして配備を検討している。近い将来、ここからF35Bが飛び立つ日が来るかもしれない。そう差し向けると、鹿児島県から来たという男性が口元を緩めた。「最新鋭ですもんね。どんなものか早く見たいです」。

F35Bはレーダーに感知されにくいステルス性能を備え、垂直離着陸ができる。防衛省は二〇二四年度に六機、二五年度に二機、最終的には計二〇機を配備することを目指している。

なぜ新田原基地が最適地なのか。その理由について防衛省は、現在整備を進め、将来的には離着陸訓練を実施する馬毛島(鹿児島県)や、F35Bと連携できる護衛艦「かが」が母港とする自衛隊呉基地(広島県)に近いことを挙げる。防衛省はこうしたことを基地の地元・新富町や宮崎県などに説明した。新富町の小嶋町長は二〇二一年九月の町議会で「受け入れることを前提で国と協議する」と配備の受け入れを事実上容認した。

だが、受け入れるのは空自のF35Bだけにとどまるだろうか。二〇一九年一二月六日のCN

Ｎ報道によれば、馬毛島に自衛隊基地ができればＦ35Ｂの着艦訓練を日米合同で行う可能性があるという。実現すれば、馬毛島で訓練を行う米軍のＦ35Ｂも給油や緊急着陸などで新田原基地に立ち寄るようになるだろう。日米地位協定第二条第四項(ｂ)には、使用する米軍機の機種を限定するような規定はない。自治体によっては、協定書において自衛隊基地で訓練する米軍機の機種を限定しているところもあるが、新田原基地に関する協定書にはそのような内容は盛り込まれていない。

新田原基地へのＦ35Ｂ配備は、もし台湾有事となればここが前線基地となる可能性への備えでもある。鹿児島県の奄美大島沖や、馬毛島近辺の大隅半島と種子島の間の大隅海峡は、中国軍が台湾に侵攻する際に米本国から台湾を救援に来る米海軍艦隊を阻止すべく太平洋に出ていく重要なルートである。中国が台湾を制圧するにはいかに米軍の台湾支援を阻止するかが勝利の鍵となるので、中国は同時に日本各地の米軍基地と米軍が「緊急時」に使用する新田原や築城などの自衛隊基地も攻撃するだろう。

こうしたリスクについて、一二月一日に町役場で小嶋町長に尋ねると持論を語った。

「基地がある時点で狙われるリスクがあると思う。日本自体がリスクを負っている。ならば抑止力を最大限発揮することが重要。外交、諜報、武力の順ですが、抑止力は絶対日本国内にミサイルを落とさせないってことで、相手と同時に国民感情に対しての抑止力だと思う。ミサイルが国内に落ちたら国民感情ってどう走るか分からないじゃないですか。ミサイルが落ちて誰か犠牲になったり財産が削られたりすれば国民感情は変わると思う。だからこその抑止力で武力をきちんと整備し落とさせない。相手にミサイルを撃たせないために前線でF35Bが前で守りミサイルを近づけないことがすごく重要だと思う」

未実施の防音工事

「国防は国の専管事項。だが、住民の安全の担保を求めるためには反対して何もコミットできないより協議していく必要がある」

F35B受け入れの背景を小嶋町長はそう説明する。

「コミットしたい」問題とは自衛隊機の騒音対策のことだ。防衛省の集計では新富町の二〇二〇年度の年間騒音発生回数は多い場所で一万九〇七回(一日平均三〇回)。騒音の測定値が高いところでは年平均で「地下鉄の車内」に相当する八〇デシベルの騒音が発生している。六四九九世帯(二二年三月一日現在)が住む町は、米軍や自衛隊機の騒音に対する国の補償を定めた「防衛施設周辺整備法」に基づく防音工事の補償対象に入る。

第2章で既に紹介した騒音対策事業だが、自衛隊基地周辺にも当てはまる。だが、町によると、防音工事が実施されていない住宅が二〇〇〇軒以上あるという。

現在約四〇機が常駐する新田原基地は、F35Bが加われば常駐機が約六〇機に増える。防衛省の説明でも「飛行回数は現状の約一・五倍程度になる」と騒音発生回数の増加を示唆している。町はまだ実施されていない住宅の防音工事を進めることを見返りにF35B配備を受け入れる方針だ。それは、いまだ解決しない町内の騒音問題を、新たな騒音を受け入れることによって解消するというようなもの。なかなかの荒療治だと思った。

工事遅延「法の壁」

町内で激しい騒音が発生していながら防音工事が進まないのは、「法の壁」によって阻まれているからだ。

防衛施設周辺整備法は、住宅の防音工事ができるのは「(国が)障害が著しい区域と指定した時にあった住宅」と決めている。新田原基地周辺の防音工事の対象区域が指定されたのは一九九三年七月一日で、この日以降に建てた住宅は一部を除き防音工事の対象から外れる。

補償の対象区域を見直すには、基地に新たな部隊や機種を配備して基地機能が強化されたときに、騒音を測定し直し新たに区域を設定するのが通例だ。防衛省はF35Bが計二〇機配備された後に騒音区域の見直しを検討するという。全てそろう時期は未定で、小嶋町長は「防音工事を三〇年近く待たされている住民もいて、少しでも前進させたい」と判断の難しさを語る。

だが、小嶋町長によると、Ｆ35Ｂを受け入れれば、「九三年七月二日以降〇三年八月二九日までに建てられた住宅」なら防音工事の対象にすることを防衛省から打診されたという。それにより約一〇〇〇軒が対象になるとされ、小嶋町長は「（騒音が）予想される未来に対して補償される。バーターと言えばそうだが、今まで不可能だったことに次善策を打つ手段だ」と話す。

五年前の「区域見直し」ネックに

五年前にあったある出来事も尾を引いている。

二〇一六年六月、新田原基地に常駐していたＦ15戦闘機の一部隊が組織改編に伴い、自衛隊小松基地（石川県）に移転した。基地の現状変更がなされたことで防衛省は新田原基地周辺の騒音状況を測定。移転から半年後の一二月、新田原基地の常駐機数が減ったため戦闘機の飛行回数が減少したことを理由に、防音工事の対象世帯を約一万四〇〇〇世帯から約九〇〇〇世帯に縮小する区域の見直し案を基地周辺自治体に提示してきた。

結局、町などが反対したため白紙撤回された。だが、発着回数が減ったことによる騒音発生回数の減少を実数値で出され、「騒音被害を訴えれば実際の数値を出されて騒音区域を見直される口実となりえるため強く言えなくなっている」（町関係者）。現状でも激しい騒音にさらされながらも、騒音対策の要望を強く打ち出せないアキレス腱にもなっている。

ただ、騒音の軽減は住民の願いでもある。二一年六月に宮崎地裁が国に基地周辺住民への騒音被害に対する賠償を命じた判決が出た「爆音訴訟」は、この区域の見直しの問題が引き金となった。

原告団代表の岩元勝也さん(78)は「新田原基地の騒音は司法も認めた異常事態。F35Bの受け入れでさらに騒音に苦しむことは目に見えている」と訴える。騒音でテレビや電話は聞こえず、会話も止まる。中には騒音に体が硬直する原告もいるという。

一方、宮崎市に住む三〇〜四〇代の子どもたちに町に戻らないかと聞くと「やかましくて住めんわね」と返される。次の世代が戻りたがらない故郷について、岩元さんはつぶやく。

「気持ちは分かるし、仕方ないよな」

人口減の引き金?

騒音が増えれば別の問題も発生する可能性がある。防衛施設周辺整備法には、騒音の数値が上がれば、住宅が移転する際の土地や建物を買い取る移転補償制度もある。新富町は県都の宮崎市から車で三〇分圏内にあり、ある町議は「交通インフラや買い物ができる便利なところに移りたいという人も出かねない」と話す。

二〇一六年の区域見直し案は防音工事の対象世帯が減少することが注目されたが、一方でこの見直し案は住宅の移転補償の対象となる世帯が約三〇〇世帯から約七〇〇世帯に拡大されていた。防衛省が提示した対象地域には、滑走路の延長線にある町の中心部が入っていた。F35B配備による騒音の増加で、防音工事の対象世帯が増えることに期待がかかる一方、移転希望者も出ることが予想される。町議は「あの時の見直し案を「なぜ撤回したんだ」という移転希望者がいた。町中心部が対象になれば町全体に与える影響は大きい」と危機感を抱く。

こうした事態を町も想定している。町議会は二〇二一年一一月中旬、この移転補償制度を利用して集団移転が相次いだ米軍三沢基地の地元・青森県三沢市を視察した。

三沢の例は前述した通りだが、米軍機の騒音などで三沢市では約一〇五〇世帯が個人または集団で移転した。集団移転した世帯は市が用地を確保し移転先で新たな集落をつくったが、四割は市外に移ったという。また、移転跡地は国が買い取り国有地となるため、営利目的の施設は建てられず、三沢市は移転跡地約五七〇万平方メートルのうち三二万四〇〇〇平方メートルしか活用できずに、利用率はわずか五・七%。東京ドーム一一五個分の土地が手つかずとなっている。

新富町に集団移転を希望する地域の代替地はあるのか。そう問いかけると、小嶋町長は同席した基地対策の担当者と顔を見合わせ「まあ、作るしかないでしょう。適した土地を選定して準備したい」と苦笑した。

「国有地になれば固定資産税も入らないので何らかの手立てを求めたい。区域の外に住むがここは役立つという土地を作る。他の防衛省事業（交付金など）も活用し、「新富町、うるさいけど良いよね」という町をつくることが町外移転を防ぐことにつながる」

F35B配備による新たな騒音の受け入れは、防音工事を進める交渉材料を得る一方、人口流出にもつながるリスクも背負う。かつての見直し案で移転対象に入っていた町中心部に住む女性（73）は、隣接する親族宅が一〇年前に建てたため防音工事の対象外だという。

「騒音は地域に等しく起きるのに不公平ですよ。新富町はどこにいてもうるさいので、移れるなら町外。移転は十分考えますね」

そう不満をぶつける女性の上空で自衛隊機が旋回を繰り返していた。

第 7 章

馬毛島

——鹿児島県——

米軍空母艦載機による陸上離着陸訓練の移転候補地となっている鹿児島県西之表市の馬毛島

危機にある馬毛島の漁業

「昔はこの辺の岩をひっくり返すと、伊勢海老が縦に何匹もびっしりはりついていた」

馬毛島《まげしま》の葉山港（鹿児島県西之表市《にしのおもて》が管理）で、エメラルドグリーンに輝く波打ち際に手を入れた漁師の男性は、ひょいとつかまえた手の中の小さなエサガニを見ながら笑顔になった。種子島の西之表港から馬毛島までは、波がなければ漁船で片道二〇分。海上タクシーの資格を持っており自身の漁船で馬毛島まで連れてきてくれた、この方はかつて馬毛島に住んでいた。

人が住まなくなって約四〇年。静かな葉山港に残る、ヒビが入って黒ずんだコンクリート製の小さな平屋は、かつて種子島との間を往復する定期船を待つ島民の待合所だった。無人島になった後も、馬毛島は人々の生活の場であり続けてきた。地元では「ナガラメ」と呼ばれる高級貝のトコブシ、飛魚、伊勢海老、キビナゴなどを求め、馬毛島の元住民をはじめ漁をする人々が種子島から日々渡ってくる。ナガラメのみそ焼きや飛魚の「つけあげ」（さつま揚げ）は種子島の特産品だ。

だが、馬毛島で漁ができなくなる日が近々来るかもしれない。日本政府が馬毛島に自衛隊基地の建設を予定しており、二〇二〇年一二月二一日から防衛省の海上ボーリング調査が始まったからだ。島の東海岸三七地点での調査に伴う警戒船や海上ブイの設置により、現場海域では漁業が制限されている。それ以上に深刻なのは、現場がナガラメの稚貝を放流する海域でもあることだ。漁師たちは、ボーリング調査によって稚貝が全滅する可能性を強く懸念している。

馬毛島で漁をする一四人がボーリング調査開始の前に、調査に対する鹿児島県知事の許可の執行停止を求めた仮処分や許可の取り消しを鹿児島地裁に、また国に調査差し止めを求める仮処分を東京地裁に申し立てた。だが、鹿児島地裁への仮処分申請は二〇二一年三月一一日、「現場海域への立入制限や調査期間は限定的で、漁業資源への影響は小さく、被害は重大でない」として却下された。東京地裁も同年三月二六日、同じく申し立てを退けた。

馬毛島は、明治から畜産業での入植に何度も失敗し所有者も国、民間事業者と次々と変わった土地だ。戦後は、農地解放によって日本政府が島の六割の土地を買収し、外地引揚者、復員者や二、三男の失業対策として西之表市が農業での入植を始めた。最初はさつまいも（種子島は安納芋の原産地）の栽培が中心だったが、害虫被害をへて、さとうきびと米に切り替わる。

しかし、旱害・風害の深刻な影響で製糖工場は閉鎖、一九七〇年には馬毛島の住民の半数以上が退去した。七七年には馬毛島開発（現タストン・エアポート）が西之表市と馬毛島進出に関する協定を結び、八〇年から無人島となった馬毛島で乱開発を繰り返すも事業としてはいずれも失敗。最後のビジネスが国有地としての売却で、政府が示した土地評価額は四五億円だったにもかかわらず二〇一九年一一月に約一六〇億円での買収額で合意する。最初で最後の成功となった。

ＦＣＬＰ移転

二〇〇七年、種子島から約一〇キロ離れた馬毛島に、主に硫黄島（東京都）で行っている米空母艦載機部隊の離着陸着艦訓練（ＦＣＬＰ）を移転する案が浮上した。これは、前年に在日米軍再編と関連して日米両政府がＦＣＬＰ移転先の選定で合意したことにもとづく。二〇〇六年の在日米軍再編合意で、米軍厚木基地（神奈川県）にある空母艦載機部隊の拠点を米軍岩国飛行場（山口県）に移すことが決定すると、在日米軍は硫黄島が岩国から遠すぎることを問題視した。厚木から硫黄島まで約一二〇〇キロなのに対して、岩国から硫黄島までは約一四〇〇キロと遠くなるからだ。

戦闘機が陸上の滑走路を空母の艦板にみたてて着陸訓練を行うＦＣＬＰは、滑走路進入後ただちにエンジンを全開にして再離陸、急上昇をくり返すので、長時間にわたり耳をつんざく轟音が発生する。馬毛島は無人島のため、ＦＣＬＰの移転先として理想だとされた。だが、同島からは種子島、屋久島、大隅半島が一望できる。葉山港からは、種子島の海岸沿いを走るバスの窓に反射した光がキラッと瞬くのが見えるほど近い。年に二回、合わせて約二〇日間とはいえＦＣＬＰ実施中は昼夜、離陸して旋回する戦闘機がそれらの島々をかすめて飛ぶことになろう。離着陸時の騒音も種子島まで届くだろう。

二〇〇三年には、広島県沖美町（現江田島市）町長が無人島の大黒神島にＦＣＬＰを誘致する計画を発表したが、沖美町と合併協議中の二町や地元住民の反対で約一週間で撤回するという一幕もあった。そうした中、米軍は馬毛島への訓練移転を望むようになる。岩国から約四〇〇キロと近く、かつ周辺に人口密集地がないことや、岩国から馬毛島までの移動中、自衛隊新田原基地（宮崎県）や自衛隊鹿屋基地（鹿児島県）に緊急着陸できることが理由だ。ＦＣＬＰの馬毛島移転案が浮上すると、種子島の一市二町はみな反対を表明した。

南西防衛という新たな名目

二〇一一年になると、種子島のＦＣＬＰ反対の様相は変わり始める。在日米軍再編計画の見直しで、馬毛島は自衛隊基地としたうえ、ＦＣＬＰでも使用すると発表されたからだ。

中国船の尖閣周辺領海への侵入を受け、民主党政権下の二〇一〇年の防衛大綱で「防衛空白地域」である南西諸島への必要最小限の部隊配備がうたわれたことが反映された形だが、同時に地元懐柔策としても大きな意味を持っていた。とりわけ、中種子町への大きな揺さぶりとなった。

種子島の人口の半分である約一万五〇〇〇人を抱える西之表市と、種子島宇宙センターで全国的に有名な南種子町にはさまれ、サーフィン客以外には素通りされる中種子町は、二〇〇七年から自衛隊誘致活動を展開していた。中種子町議会は一二年末、種子島と屋久島の首長・議会が設立したFCLP馬毛島移転反対団体から離脱する。

訓練の影響が最も大きい西之表市の中でも、賛否が分かれていく。もともと種子島は自衛隊に就職する者が多く、西之表市民の間に反自衛隊感情はない。人口減に歯止めがかからない中、西之表市に属する馬毛島に自衛隊基地が建設されることで、同市への自衛隊の常駐が地域振興につながることへの期待が生まれた。

二〇一七年の西之表市長選は分裂選挙で再選挙となった末、FCLP馬毛島移転反対派の八《や》板《いた》俊輔氏が当選した。だが、一九年末にタストン・エアポート社から約一六〇億円で馬毛島を買収した防衛省は、翌年八月に西之表市に対して施設配置案を示すと、港湾施設整備に必要な海上ボーリング調査の申請・着手、住民説明会、環境影響評価の鹿児島県への打診と、施設整備が決定していないにもかかわらず矢継ぎ早に計画を進めた。

同時に、市民に対する工作も着々と進めた。西之表市内の合同庁舎におかれた看板のない九州防衛局の派出所は、ボーリング調査実施に向けて馬毛島の港の管理権や漁業権を持つ種子島漁協の抱き込みや、二〇二一年一月の市長選への誘致派候補の擁立を進める。

西之表市の中でも、見返りを期待して基地建設を受け入れようとする人々が出てきた。期待されているのは、基地建設関連の公共事業や漁業補償金。自衛隊員とその家族の住民税と消費活動。固定資産税代わりの基地交付金や「迷惑料」にあたる防衛施設周辺対策事業。民主党政権時代に防衛省が西之表市に提示した「一〇年間で二五〇億円」もの米軍再編交付金などだ。

馬毛島探訪

私（山本）が馬毛島に上陸したのは、二〇二一年の西之表市長選・市議選の約ひと月前となる二〇年一二月末だった。ボーリング調査が始まったばかりで、早朝から同行した西之表市議は、船を出す種子島の西之表港で海上保安庁の職員二人から馬毛島上陸の目的を根掘り葉掘り聞かれた。市民の「安全を確保するため」だという。航海中も上陸中も、海上保安庁の巡視船が一定の距離を保って私の乗る漁船と並走していた。

葉山港が見えてくると、海上保安庁のゴムボートや種子島漁協の組合員が操行する漁船に迎えられた。ボーリング調査中、種子島漁協は防衛省から島周辺の警戒任務を一日一〇万円で請け負っている。漁協が手数料を三万円とり、船を出す漁師の取り分は七万円。漁協は当初「報道関係者を乗せた組合員には仕事を回さない」という指示を回し、趣味の釣りで馬毛島に行こうとした一般人まで接近を阻まれる騒ぎとなる。だが、報道各社の問い合わせに対して、防衛省が「取材制限をするような指示は一切していない」と否定したため、へさきに報道関係者三人がはりついた我々の漁船は上陸を止められることはなかった。

海岸沿いの断崖に異様な鳥居が立っている。タストン社が建てた、オーナーの名を冠した「立石神社」だ。かつて馬毛島の住民が航海の安全を願って参拝した蛭子神社は、うっそうとした茂みの中で朽ちかけていた。

歳月をへても変わらないものもある。固有種のマゲシカが人間を見かけて数秒立ち止まり、あわてて走り去る。見上げると、濃い緑色のタブの実がたわわに実っている。住民だった漁師の女性が教えてくれたところによると、イチジクのような食感で、島の子供たちのおやつだったという。群生する巨大ソテツの実は薬になるので採取して売り、葉も切り花として売れるので見栄えのするものを摘み取ったそうだ。

住民の記憶はいまだあせない。葉山港の待合所で定期船を待った。小・中学校に行く兄姉を追いかけて就学前の幼児が一緒に登校すれば、先生方が一緒に机に座らせて給食も食べさせてくれた。魚がとれない日はなく、その日のうちに種子島に売りに行って家族にも持ち帰った。

馬毛島周辺の魚はおいしい。島からの帰路は波が高くなり、一時間近く揺られて昼頃に西之表港にたどりついた疲労困憊の我々に、通りがかった別の漁師が氷も何も入っていないビニール袋に無造作に入れた、とれたての鯖を一匹くれた。受け取った西之表市議は、自家用車のトランクへぽいと鯖の袋を入れると「近くの天然温泉に行きましょうか」。……えっ。何時間か後に民宿に預けられた鯖は、その日の夜遅くに酢でしめることもなく刺身で出てきたが、皮目を見なければ鯖とは分からないほどきれいなピンク色で、脂がのってぷりぷりした身は噛むと甘味を感じるほど新鮮だった。食中毒にもならなかった。

無視される地元の民意

二〇二一年一月三一日に投開票された西之表市長選・市議選では、投票率が約八〇%となり、馬毛島の基地建設計画に同意できないという立場の現職の八板氏が一四四票差で勝利。市議会は反対派七人、賛成派六人、中立一人の構成となった（議長は反対派から選出された）。基地受け入れを掲げて市長選に出馬した商工会会長は、「二五〇億円超の米軍再編交付金」を受け入れ条件として日本政府に打診し、公約では交付金を地域振興や子育て支援に生かすことを掲げたが、新型コロナウイルス禍や一次産業不振にもかかわらず惜敗する。

南日本新聞の深野修司記者は、八板市長の勝因は政府の「性急さ」に対する市民の警戒感だと分析する。防衛省が前年一〇～一二月に西之表市内の一二校区で開いた住民説明会では、推進派の出席者からも「説明不足」の声が相次いだという。

米空母艦載機の連続離着陸訓練が馬毛島で行われたら、種子島への騒音の影響は実際どれほどなのか。交付金の種類や額はいくらなのか。西之表市や市議会、住民から繰り返し問われても、防衛省は具体的に答えようとしない。なぜ答えないのか。

ある防衛省関係者は全国紙からの取材で内々に、「西之表市長選で反対派が勝っても負けても計画を進めるからだ」と答えた。また、ある地方防衛局の幹部は内々に、「交付金の詳細を言わないのは、反対派が市政を運営する限り交付金を支払わないという意思表示だ」と答えた。地方自治法では国と地方自治体は対等だとされているが、日本政府は民主主義も地方自治も尊重しようとしていない。

八板市長は再選後、馬毛島の海上ボーリング調査の中止や、基地建設が環境に与える影響の調査や予測、評価の方法を提示する環境影響評価(アセスメント)を実施しないことを要請する文書を、岸信夫防衛大臣に送った。だが、防衛省はかまわず二〇二一年二月一八日、アセスメントの手続きに着手する。計画されている基地の滑走路の長さが二四五〇メートルと事業規模が小さいこともあって、知事らの意見を聞く配慮書の手続きを省いた第二種事業での実施となる。

防衛省が鹿児島県に送付した、調査方法の概要などを示した方法書は住民に提示・説明される。また、方法書に対して住民は意見書を提出できる。だが、住民の意見を反映することは法律で義務づけられていないため、その後の防衛省の調査・予測・評価の作業を見ないと意見がどのように取り扱われたか分からない。実際には、自治体や住民の意見を一切反映せずに進められている。

三宅島のFCLP反対運動

日本政府が都市部から地方の小さい島にFCLPを移転しようとするのは、これが初めてではない。一九八〇年代には、東京都の三宅島がFCLPの移転先と目されていた。きっかけは八三年一〇月の三宅島噴火で、同年一二月に島の村議会が復興策としてFCLP受け入れを前提とした空港誘致を可決する。翌年一月に村民の反対で空港誘致計画は凍結され、同年二月の村議会選挙でも誘致反対派が多数当選、三月に村議会であらためて反対決議が可決されたが、動き出していた政府は止まらなかった。

中曽根康弘首相は一九八五年二月、国会答弁で厚木基地から三宅島へのFCLPの移転を希望する。背景には米国からの強い圧力があった。同年一月にはリチャード・アーミテージ国防次官補が、防衛庁を訪れて厚木基地に替わる夜間のFCLP（NLP）の場所を確保するよう要請。同年六月にも、キャスパー・ワインバーガー国防長官が同様の要請を行った。

一九八六年に入ると、日本政府は本格的に三宅島へのFCLP移設の計画を進めようとする。

防衛施設庁は島内に連絡事務所を設置、自民党は七〇〇億円以上の振興計画を三宅島側に提示した。さらに、日本政府と米国駐日大使館は、米国政府に働きかけ、公明党に対して協力を要請させる。

米国防総省の史料によれば、ワインバーガー国防長官は同年三月に訪米した竹入義勝公明党委員長と会談した際、「夜間のFCLPの三宅島移転に対する支援」を要請している。竹入は米側に対し、衆議院選挙を控えているので選挙後に検討すると答えたものの、七月六日の衆議院・参議院同日選挙で両議院の党議席を減らした責任をとって委員長を辞任。公明党の協力は実現しなかった。

三宅島の住民は、同年七月には村議会の誘致派議員二人をリコールして反対の民意を乱さず、翌八七年七月に観測柱設置工事が始まると座り込みによって工事を阻止しようとする。東京防衛施設局は同年八月に機動隊を動員して観測柱を設置したが、八八年二月の村議会選挙で反対派が多数当選すると年度内のボーリング調査を断念せざるをえなかった。

結局、日本政府は同年四月、FCLPを暫定的に自衛隊基地のある無人島の硫黄島に移転することを米側に提案し、翌年一月には合意に至る。米太平洋軍の部隊史によれば、在日米軍は硫黄島に日本政府の費用で自動着艦装置を設置することと、厚木基地から硫黄島への訓練移転費を日本側が負担することを要求、日本はいずれも受け入れた。

当時は日米貿易摩擦が激しく、日本政府が在日米軍の代わりに自動着艦装置を購入したのは貿易不均衡の是正という意味合いもあった。米軍が購入すれば一八〇万ドルだった米製の自動着艦装置は、外国政府が購入するということで約三・五倍の六三〇万ドルに跳ね上がる。

そもそも日米地位協定第二四条では、在日米軍駐留経費は基本的に米側が負担することになっている。にもかかわらず一九七八年度から始まった在日米軍駐留経費の日本側負担である「思いやり予算」で、特別協定の内容に訓練移転費が含まれるようになったのは一九九六年からであり、当時は在日米軍の訓練移転費を日本政府が肩代わりする法的根拠がなかった。そこで、日本政府はＦＣＬＰ移転費を直接負担するのではなく、厚木基地内の米軍専用施設のメンテナンスや改築費用を負担するという形で間接的に肩代わりした。

自衛隊は「金のなる木」？

かつての三宅島とは異なり、西表市の民意は揺れている。直近の西之表市長選で賛否がほぼ拮抗したことも、地元の民意を顧みずに計画を進める国の姿勢の一因となっていることは否めない。

選挙結果の背景には、「金のなる木」として自衛隊の駐屯を歓迎する市民感情がある。それにつけこむように、選挙中には西之表市の各家庭に「来るのは自衛隊で米軍ではない」という内容の怪文書が投げ込まれた。米軍のＦＣＬＰ移転を目的として始まった馬毛島の基地建設計画だが、南西防衛が名目に加わったことで自衛隊の存在が米軍訓練の目くらましとなっているのだ。

辺境の島嶼の住民にとっては、南西防衛は国防というよりもむしろ過疎問題の解決手段である。例えば、基地の「迷惑料」である防衛施設周辺対策事業。地元の消防施設や公園、児童館や公民館、道路、運動場や体育館、水道、ゴミ処理施設などの整備を助成する。それから、基地建設や施設整備のための公共事業の受注。自衛隊員とその家族の住民税と消費活動など、さまざまな経済効果が期待される。防衛省側もこれまで与那国島、宮古島、石垣島などの住民説明会で自衛隊駐屯の経済効果をあおってきた。

実際には、自衛隊は金のなる木ではない。防衛予算に占める基地関係経費は漸減傾向にある。公共事業も、地元の建設業ではなく大手ゼネコンに利益が還元される仕組みになっている。種子島には大きな建設会社がないので、基地の建設工事を受注するとしてもせいぜい孫請けだろう。それに、僻地に配属される自衛隊員は引っ越し代がかさむ、近くに学校がないなどの理由で家族を伴わない単身赴任が多い。

「一〇年で二五〇〇億円」と一部の西之表市民の間で期待される米軍再編交付金も、額が莫大な上に使途が自由というメリットはあるが、訓練や施設の移転が完了すれば打ち切られる。教育財源や福祉財源などにあてた場合、自治体が再編交付金への依存から抜け出せなくなり、切られたときのダメージが大きすぎる。また、再編交付金は出来高払いで、米軍の訓練・施設移転が進まなかったり、自治体が移転に協力的ではないと政府が見なせば、減額されたり停止されたりする。

沖縄の教訓

西之表市北西部にある種子島高校の校舎からは馬毛島が望める。

「平たい島で、すごくきれいに見えた。それくらい近い距離にある。そこに米軍機が来ると思うと……」

西之表市で生まれ育ち、沖縄県西原町の琉球大学の学生として基地問題を目の当たりにした黒田真理奈さん(21)は国策に揺れる故郷の行く末を案じる。

日米政府が馬毛島をＦＣＬＰの移転候補地に決めた二〇一一年当時、黒田さんは小学生。市内に移転反対の看板やのぼりが増えていったのは覚えている。

「米軍が来るのかな。何となく怖いな」

漠然とした思いはあったが、計画が具体化しなかったこともあって気に留めないまま故郷を離れた。

琉球大学の構内で米軍機が飛ぶ空を見上げる黒田真理奈さん

国際政治を学ぼうと進学した琉球大学は、米軍普天間飛行場から約三キロ。初めて基地問題に直面した。米軍機が上空を飛ぶと授業が聞こえない。日米合同委員会合意で米軍機は学校上空を「最大限可能な限り避ける」と決めているのに日常的に飛んでいる。墜落や部品落下のトラブルは後を絶たず、米軍機を見上げる度に「これが落ちてきたら」と不安に思うようになった。

故郷の問題を意識し出したのは、二〇二〇年二月に政府が馬毛島の所有者から島を買収したのを知ってからだ。地元の友人もSNSでニュースを転載し関心を持っていた。沖縄のような墜落などのトラブルが地元でも起きるかもしれないと不安に感じた。一方で大学で馬毛島の買収計画について話題にすると、大学の友人たちの関心はいまひとつだった。「沖縄の人は沖縄の問題で手いっぱいなんだと思った。種子島の人たちは沖縄の問題をちゃんと知らない。同じ米軍の問題だからこそどちらも問題を理解してほしい」と話す。

防衛省の計画ではFCLPは年一、二回実施され、馬毛島は約一〇キロ沖合にあるため騒音など周辺環境に与える影響は限定されるとしている。基地の滑走路もＦＣＬＰの飛行経路が西之表市や中種子町のある種子島上空にかからないよう設計されるという。しかし、日米両政府の合意などないかのように米軍機が学校上空を飛び交う沖縄の現状を見れば、防衛省の説明を鵜呑みにはできない。やがて米軍はＦＣＬＰ以外の訓練も馬毛島で実施するようになり、なし崩しに米軍機が種子島上空を飛ぶのではないか。黒田さんは訓練移転に反対してきた人たちの考えに思いを致す。

一方、基地建設で地域を浮揚させたい人たちの思いも分かるという。市の人口は現在約一万五〇〇〇人でピークだった六二年前の四五％。過疎化が進み、仕事がないため若者は市外に出るしかない。高校の同級生もほとんどが島を出た。

残念ながら、米軍再編交付金が地域を豊かにしないことも沖縄で実証済みだ。二〇二一年時点で沖縄県の平均給与月額は二二万円と、全国で相対的貧困ラインとされる二三万円より少ない。子どもの貧困率は全国平均の二倍だ。

住民保護の欠落した南西防衛

自衛隊の南西防衛には、それ以上に大きな問題がある。住民保護の仕組みが欠落していることだ。国防とは、国土とともに国民を外敵から守ることである。ところが、現在の南西防衛の考え方は、国土を守ることに偏重している。

二〇〇三年の有事法制成立の翌年に成立・施行された国民保護法では、有事の一般国民避難の責任を担うのは自衛隊ではなく自治体だ。しかし、島嶼の小さな自治体が住民全員を島外に避難させるような輸送手段を確保できるのか。仮に確保できたとして、どれくらいの日数がかかるのか。危機管理学が専門の中林啓修氏の試算によれば、宮古・八重山諸島の住民と観光客らが民間航空機や船舶で島外に避難する場合、約三週間を要するという。

実際には、各自治体が作成する国民保護計画では、自衛隊の避難誘導や救援が期待されている。だが、有事の自衛隊の役割はまず外敵への対応であり、住民避難への協力は余力があればということになっている。

また、弾道ミサイルやゲリラ・特殊部隊による攻撃のように避難する間もない場合にはどうするのか。沖縄県の島嶼部・石垣市の国民保護計画によれば、屋内への避難が想定されている。コンクリート製の頑丈な建物や、建物の地下への避難が推奨されているが、条件に見合う建物がどれほど存在するのか。住民全員が逃げ込めるほどの数とスペースは確保されているのか。

なぜ、このような非現実的な計画内容なのかといえば、自治体が参考にする国の国民保護モデル計画が総務省消防庁による作成で、自然災害への対応がベースになっているためだ。

しかも米国は二〇一七年から、中国周辺の軍事的拠点を先んじておさえ、全面戦争にならないように米中の軍事衝突をコントロールしながら、中国が台湾や尖閣諸島などの米同盟国の領土を占領するのを阻止する戦略を採用している。つまり、民主党政権時代から日本政府が掲げてきた南西防衛の主眼は、国境防衛からいまや対中有事の際の日米共同作戦へと変化している。そして、対中有事で重要になるのが馬毛島周辺の海峡だ。

馬毛島が面する大隅海峡や、陸上自衛隊ミサイル部隊が駐屯している奄美大島が面する大島海峡は、中国に攻撃された台湾を救援に来る米軍の接近を阻止するために中国海軍が太平洋に出ていくルートだと想定されている。したがって、馬毛島に自衛隊基地をおくのは平時は自衛隊や米軍の訓練場所として、有事は兵站・補給拠点や前線基地として利用することで中国の軍事行動を封じる狙いがある。住民保護の手当がないまま、馬毛島は対中軍事作戦の要所となるのだ。

訓練の制約がない日米地位協定

地元から歓迎される自衛隊の駐屯にもこれほど問題があるのに加えて、馬毛島で想定されている米軍の訓練には日米地位協定上、訓練の内容や時間、場所、訓練を行う部隊や機種に制限がないという問題がある。

自衛隊の訓練には国内法令や大臣命令が適用されるほか、深夜・早朝の訓練の自粛措置などもある。しかし、米軍に自衛隊基地の使用を認めている日米地位協定第二条第四項(b)は、日米地位協定の運用を話し合う日米合同委員会の合意があらかじめ必要と定めているだけだ。つまり、自衛隊基地を使用する米軍には自衛隊と同じ訓練上の制約は課されない。

FCLPについて、防衛省は住民説明会で「種子島の上空は飛ばない」「屋久島の上空は飛ばない」「南大隅の上空は飛ばない」とくり返しているが、何の保証もない空手形にすぎない。日米地位協定は第五条で基地から基地へ、または基地と民間空港・港の間の米軍の移動を認めている以外、米軍の訓練に関する規定がないためだ。横田(東京都)、厚木、普天間・嘉手納(沖縄県)の各米軍基地については日米合同委員会で騒音規制措置が設けられ、深夜・早朝の飛行や低空飛行、学校や病院などの上空の飛行を原則禁じているが、努力義務にすぎないため守られていない。

しかも防衛省は、米軍が馬毛島を使用する根拠として、日米地位協定第二条第四項(b)ではなく第二条第一項(a)を適用する可能性にも言及している。これは、馬毛島の基地が米軍専用施設になることを意味する。なぜこのような選択肢が検討されているかといえば、馬毛島で想定されている米軍の訓練がFCLPだけではないからだ。

防衛省は種子島、屋久島、大隅半島の各自治体や住民に対して「米軍が実施する訓練については、日米共同訓練も含め、現時点でFCLP以外に計画はない」とくり返し説明している。

しかし実際には日本政府は、普天間飛行場に所属するＭＶ22輸送機オスプレイの訓練を馬毛島に移転する案を密かに検討している。

松川正則・宜野湾市長は二〇二〇年三月の市議会にて、菅義偉官房長官との間にオスプレイ訓練の馬毛島移転の合意がある旨の発言をしている。翁長雄志・沖縄県知事が二〇一六年七月、オスプレイ移転先候補として馬毛島を視察したことをきっかけに、沖縄側から日本政府に対して折に触れて求めてきたものだ。

空母艦載機に加えて「事故機」といわれるオスプレイの訓練も馬毛島で行われる可能性に、基地建設に反対する住民は不安をつのらせている。また、ＦＣＬＰの予備基地になっている厚木基地や岩国飛行場の周辺自治体も、馬毛島をめぐる政治の展開に不信感を持っている。当初はＦＣＬＰの移転だけの話だったのが、陸海空自衛隊の訓練も行われるということになり、オスプレイの訓練移転案まで出てきた。ＦＣＬＰの優先順位はどうなるのかという懸念が大きくなっている。

ここに基地問題の本質がある。

「国の専管事項」と政府関係者が言いたがる、安全保障の問題ではないのだ。米軍の訓練が住民の生活や安全を侵している。その解決方法が、中央から周辺へ、人口の多い地域から少ない地域へと訓練場所を移すことでしかない。米軍の自由な訓練を許している日米地位協定には一切手をつけず、より少数の住民の犠牲で解決を図るという、政府の小手先のやり方こそが問題の本質なのである。

第 8 章

嘉手納基地

——沖縄県——

基地周辺に騒音をまき散らす米軍の大型機

基地問題の縮図

金属音に似た甲高い音がこちらに押し寄せるように徐々に大きく鳴り響き、集落の静寂は一瞬で切り裂かれた。やや遠くから来た米軍機が上空を通り過ぎると、集落を大きく旋回して彼方に消え去った。すぐさまもう一機。思わず機体を目で追って顔をしかめた。

那覇空港から国道五八号線を約二〇キロ北上すると、基地問題の縮図と言える場所がある。東シナ海に面した沖縄本島中部の北谷町砂辺区。この集落から北に一キロ行けば極東最大と言われる米軍嘉手納基地がある。離着陸を繰り返す米軍機は五八号線をまたぎ、基地滑走路に沿うようにある集落の上空を旋回したり、海上にある訓練空域に向かったりする。約七〇〇〇人が住むこの集落は、そのたびに激しい騒音にさらされる。私(宮城)は米軍普天間飛行場のある宜野湾市出身だが、近年はよその米軍基地のジェット機が飛び立つようになったとはいえ、MV22オスプレイのようなプロペラ機が常駐する普天間とジェット機が主に常駐する嘉手納基地下の騒音は比べものにならず、同じ沖縄とはいえ砂辺を訪れるたびにこの騒音に驚く。

その砂辺の集落に目をやると、台風が多い沖縄の建築物によく見られるコンクリート造りの家屋が建ち並ぶ中、所々フェンスに囲まれた空き地が目立つ。フェンスの中には「国有地につき立ち入り禁止　防衛施設庁」と書かれた看板がぽつんと立っているだけで、木々や植物が無造作に生い茂るだけの手つかずの土地だ。砂辺の集落の中にはこうした土地が点在している。

「昔、ここは僕の家だったんだよ」。集落の大通りに面したそのうちの一つを取材相手である松田久徳さん(81)が指さした。松田さんはかつて砂辺に住んでいた。砂辺での思い出を振り返っていると、米軍のF15戦闘機が上空を通過し松田さんの声が聞こえなくなった。機体が集落を離れても低くうなるエンジン音の不快な余韻がしばらく残る。音が消えたとき、集落の本来の静けさが戻り、なぜか胸に安堵感が広がった。

「今でもよくこんなところに住んでいたなと思うよ」

松田さんはそう言った後、少し黙って機体が消えた空の方を見つめた。

沖縄戦の米軍上陸地

砂辺の集落のちょうど中心部に馬場公園がある。小高い丘の上に設けた展望台に真新しいジャングルジムやターザンロープの遊具、バスケットコートやスケートボードの練習場が備わる立派な公園だ。この場所は戦前まで丘の上から東シナ海が一望でき、松の木々の隙間から涼しい風がそよぐ景勝地「シナビヌ浜」として親しまれ、「男女が毎夜愛をささやき合う恋のスポットだった」(住民)。獅子舞や村芝居、歌や踊りといった芸能が盛んだった集落には多くの見物客が訪れ、砂辺は「アシビヌクニ」(遊びの国)として知られた。「砂辺浜下りてぃ　語らなや今宵　愛ぬ浜風に　シューラヨー　濡りてぃ　又遊ば」。琉球民謡「砂辺の浜」としても歌われるほどで、公園内にはこの歌のモニュメントが建てられている。

このモニュメントのすぐ近くに、もう一つのモニュメントがある。自然壕(ガマ)とみられる洞窟に隠れる住民に銃を向けた兵士の姿が描かれた石碑。「第二次世界大戦米軍上陸地モニュメント」だ。

砂辺の風景を一変させたのは沖縄戦だ。太平洋戦争末期の一九四五年四月一日、本島中部の北谷町、嘉手納町、読谷村《よみたん》の海岸に二一九隻の戦艦、六万人の米軍兵が無数の艦砲射撃とともに押し寄せた。砂辺も上陸地点の一つで、これが住民と日米両軍約二〇万人が亡くなり、県民の四人に一人が犠牲になったと言われる沖縄本島での戦闘の始まりだ。

日本軍は沖縄戦前に児童を含む県民を動員し、本土防衛のため沖縄本島各地に飛行場を建設させたが、そのうちの一つ、砂辺に近い中飛行場(嘉手納町)は米軍が上陸したその日のうちに占領。これが本土決戦のための発進基地として拡張され、戦後は東アジアの最重要拠点である米軍嘉手納基地となる。そこから砂辺は米軍基地との歩みを共にすることになる。

砂辺の「爆音」

戦後、米軍嘉手納基地は拡張を繰り返し、現在は沖縄市、嘉手納町、北谷町をまたぐ約二〇〇〇万平方メートルの広大な敷地に約三六九〇メートルの二本の滑走路を備え、Ｆ15など約一〇〇機が常駐する極東最大級の空軍基地として知られる。二〇一九年度の離着陸回数は四二五八回で普天間飛行場の三倍。極東で最も活発な基地とも言える。

七〇デシベルを超えると「騒音」と定義され、「騒々しい事務所の中」とたとえられる騒音レベルだ。県の統計によると二〇一九年度の嘉手納基地周辺の一日あたりの平均騒音発生回数は砂辺が五六・六回。最大一一六デシベルの騒音も発生し、嘉手納基地周辺の観測地点二四カ所（五市町村）いずれも県内で最も高い。一一六デシベルはたとえるなら「雷鳴の近く」らしい。月平均でピーク時には「電車の中」に値する八一〜九四デシベルの騒音が発生し、日米両政府で米軍機の飛行制限が合意されている午後一〇時〜午前六時の騒音発生回数も年七五七回を記録している。砂辺の生活というのはたとえるなら「時々近くに雷が落ちる高架下で布団を敷いて寝る」というイメージだろうか。こうした米軍機の騒音は「爆音」と形容される。

砂辺の集落を含む嘉手納基地周辺住民は沖縄戦後からこうした騒音問題と向き合っている。

本章冒頭に登場した松田さんの半生は砂辺と米軍機騒音の歩みを体現している。松田さんの生い立ちに沿って、砂辺で何が起きたか見ていきたい。

一九四〇年に大阪府で生まれた松田さんは、六歳のころに沖縄県中部の石川市(現うるま市)に移り、高校卒業まで過ごした。一時は東京に就職したが沖縄に戻り、三〇代で砂辺に移った。砂辺は父方の故郷で大門中(ダイムンチュー、長男の長男の本家)だったからだ。

松田さんが砂辺に移った当時はベトナム戦争が本格化した時期で、出撃拠点の嘉手納基地からB52爆撃機が何度も「北爆」のために飛び立ち、集落は昼夜問わず米軍機による騒音に襲われた。小学校高学年の頃から左耳が聞こえなかった松田さんは、度重なる騒音に「右耳も聞こえなくなるかもしれない」と危機感を抱いた。騒音でパニックになることもあり電話もろくにできない。幼い子どもたちが驚いて二段ベッドから落ちそうになることもあった。ストレスで頭頂部に二つ「五〇〇円はげ」ができた。

「とてもこんな状態では住めない」

次第に精神がむしばまれた。

宮森小学校米軍ジェット機墜落事故

松田さんがここまで米軍機の騒音を恐れるのには理由がある。

旧石川市にある高校を卒業し、浪人生として同市で過ごしていた一九五九年、近くにある宮森小学校に米軍ジェット機が墜落した事故に居合わせていたからだ。

沖縄がまだ米軍統治下だった一九五九年六月三〇日、エンジンに異変を起こした嘉手納基地所属のF100戦闘機が午前一〇時四〇分頃、石川市街地に墜落。その衝撃ではね上がった機体が民家を巻き込みながらミルク給食中の宮森小の校舎に突っ込んだ。漏れ出た燃料に引火して校舎の一部や周辺の民家が炎上し、児童一一人を含む一七人が死亡、二一〇人が重軽傷を負った。また、一人が後にやけどの後遺症で亡くなった。米軍機を操縦したパイロットは墜落前に脱出して無事だった。原因は整備不良だった。

松田さんは黒煙が上がる学校には近づけなかったが、こちらに向かって逃げ惑う人の悲痛な表情が忘れられない。この体験は松田さんが砂辺に移り騒音下で過ごすうちにトラウマとなっていった。宮森小の事故の時のように米軍機が遠くにある集落に墜落し、そのまま地滑りで民家をなぎ倒しながら自分のところに迫ってくる夢をよく見た。砂辺から嘉手納町に行くには嘉手納基地の滑走路に近い国道五八号を北上すれば車で五分程度で着く。だが松田さんは離着陸のため低空飛行する米軍機が頭上を通過する恐怖から、一時期は嘉手納町に

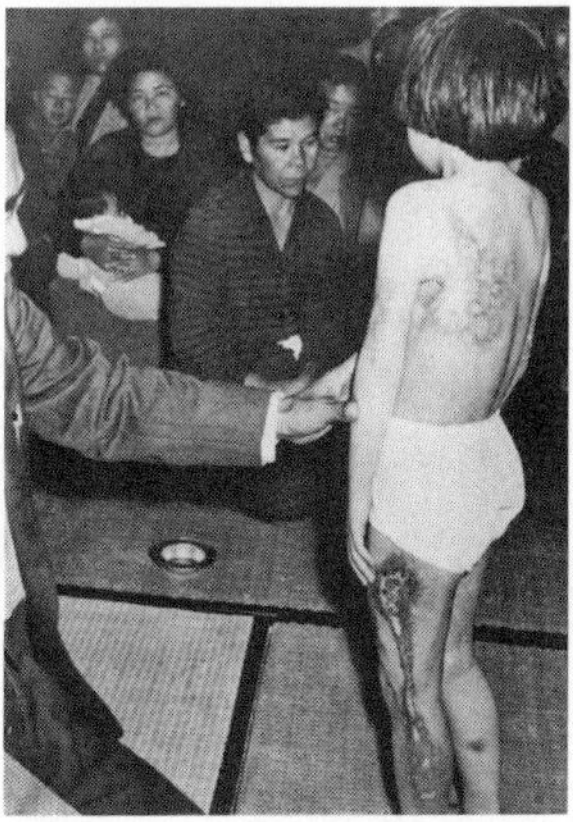

宮森小ジェット機墜落事故で
負傷した少女

行く時もわざわざ迂回して滑走路を避ける形で三〇分かけて向かっていた。

移転第一号

一九七二年に米軍統治下だった沖縄県が本土復帰し、日米安保条約と日米地位協定が適用されても変わらず米軍機騒音に悩まされる基地周辺住民に対し、国は「次善策」を用意している。第2章でも紹介したように、一九七三年に国は公害対策基本法(後の環境基本法)に基づき、嘉手納基地周辺の住宅地に及ぶ騒音は「うるささ指数」でW七〇以下にすべきと設定した。「防衛施設周辺整備法」に基づく移転補償は、嘉手納基地周辺では北谷町の隣町である嘉手納町が沖縄県内で最初の実施となった。北谷町職員だった松田さんは「砂辺はうるさいのをそのままにしていいのか」とこの動きに注目した。せめてもの権利だと思い、防衛省職員を集落の公民館に呼んで防音工事導入について説明の場を設けようとした。だが、住民たちから「基地を容認するのか」「基地の存在を認めるような工事なんてとんでもない」と反対にあい、結局実現しなかった。こうした砂辺の土地柄について、住民たちは「シルークルー(白黒)を二分する土地柄」と口をそろえる。

騒音対策を取ることができず、日々の爆音に苦しめられた松田さんはついに限界を迎えた。第三種地域に住んでいた松田さんは一九七六年に移転を決意。砂辺から約三キロ東にある北谷町桑江地区に移転補償で得た費用を使って新たに自宅を建て、砂辺を去った。補償を利用した転出者として砂辺では第一号だった。

移転を実現した松田さんのところには、何人かから補償額などに関する相談も寄せられた。次第に砂辺集落では移転が相次ぎ、当時約五六〇戸あった住宅のうち約二三〇戸が国に土地を売り集落を去っていった。主を失った土地は防衛施設庁が買い取り、草木を植えてフェンスで囲う「緑地帯整備」が施された。同じような空き地が次第に目立つようになった。現在の空き地が点在する「虫食い状態」の砂辺の集落はこうした経緯でできた。集落の中で移転する世帯、しない世帯が分断された砂辺では地域行事が成り立たずコミュニティーが先細っている。

「まさかこんなに多くが移転してしまうとは」

今でも集落の空き地の前を通るたびに松田さんは胸を痛める。生活の安寧を願ってやむなく移転したが、「移転補償第一号」として転出者増の引き金を引いてしまった後ろめたさが残っている。

松田さんは移転後も地域行事のたびに砂辺に戻り、二〇〇五年から集落の歴史や文化を記録する「砂辺誌」の編集委員長を務め、一六年に刊行にこぎ着けた。行事のたびに集落を訪れて抱く、故郷に戻りたい思いは爆音にかき消される。松田さんが精力的に砂辺に通い続けるのは「罪滅ぼしです。故郷を捨てた後悔があり、せめて砂辺の役に立ちたい」からだ。「住民同士が助け合い協力しながら行事をこなす地域の温かさが好きだ。爆音の村だし私はいないけど、あそこの村はすごいと言われるようになりたい。基地のハンデを越えたい」と伝統芸能の保存や地域のつながりを生かした子どもの学力の向上などを熱っぽく語った。上空では米軍機が再び爆音をとどろかせていた。

米軍訓練の規定がない日米地位協定

そもそも、なぜ米軍基地周辺に住む住民は騒音を我慢しつづけなければいけないのか。なぜ米軍は住民の迷惑を省みず、自由自在に日本領空を飛べるのか。米軍が日本領空を自由に飛行する根拠としているのは、日米地位協定第五条第二項だ(一六頁参照)。

一言でいえば、日米地位協定には米軍基地外の上空での訓練について規定がなく、在日米軍は移動の名目で訓練を行っている。外務省が一九八三年に作成した『日米地位協定の考え方 増補版』の「日米地位協定の一般的問題」という項では、在日米軍の訓練は日本と極東の安全に寄与しており、基地外での活動についての規定が日米地位協定になくとも認められる、という趣旨の解説がなされている。

外務省に代表される日本政府のこの考えは、現在に至るまで変わっていない。一九九五年、沖縄で三人の米兵が小学生の女児一人を暴行した事件が起きたのを機に、日米両政府がＳＡＣ

Oを設置した際、沖縄県は嘉手納基地と普天間飛行場の航空機騒音への対策などを求めた。その結果、一九九六年三月末の日米合同委員会で嘉手納・普天間における航空機騒音規制措置が合意され、さらに同年一二月には、SACO最終報告で嘉手納基地の海軍駐機場の移転と遮音壁の設置などが発表された。

だが、航空機騒音規制措置には強制力がなく、学校や病院などの人口密集地域の上を飛ばない、低空飛行をしないなどの規定は米軍側の努力義務にとどまっている。また、深夜一〇時から早朝六時までの間の飛行や活動は、米軍が必要と考えれば認められることになっている。

近年、沖縄や九州を中心に、周辺に米軍基地が存在せず訓練地域ではない場所でも米軍の飛行訓練が行われているが、岸信夫防衛大臣は二〇二一年一月八日の記者会見で、米軍機のそうした飛行は「日米安保条約の目的達成のための重要な訓練」だと述べた。

「静かな夜を返せ」

こうした爆音下の生活が一向に改善されない状況を、住民はただ耐え忍んでいるわけではなかった。砂辺住民を含む嘉手納基地周辺に住む沖縄市、北谷町、嘉手納町、読谷村、旧具志川市、旧石川市（旧二市は合併し現在はうるま市）の住民は一九八二年、日米両政府を相手取り、深夜早朝の米軍機の飛行差し止めと損害賠償を求める訴訟を起こした。いわゆる「爆音訴訟」というものだ。

「静かな夜を返せ」をスローガンにした爆音訴訟は一九八〇年代に米軍横田基地(東京都)を皮切りに、米軍厚木基地(神奈川県)、米軍岩国飛行場(山口県)、自衛隊小松基地(石川県)、自衛隊新田原基地(宮崎県)と続いた。周辺住民が相次いで日米両政府に米軍・自衛隊機の差し止めと損害賠償(過去分と未来分)を求めて提訴した。沖縄県では嘉手納のほか、米軍普天間飛行場周辺の住民が訴えている。

第一次嘉手納爆音訴訟は九〇七人が提訴した。福岡高裁那覇支部は一九九八年、過去の損害に対し一三億七三〇〇万円の支払いを命じる。一方、飛行差し止めは棄却する判決が確定した。騒音被害が続いているため訴訟はその後も提訴されるが、裁判所は一貫して過去の損害賠償分を認める一方、米軍機の飛行差し止めの訴えは退けている。全国の他の基地での訴訟でも同様の判決が出されている。訴訟団は二〇二二年一月には四次訴訟を提訴。原告は当初の約三九倍の三万五五六六人で、全国の爆音訴訟の中でも最多となった。

嘉手納を含む全国の訴訟で一度も米軍機が差し止められない理由として、裁判所は「基地の管理・運営権は米国に委ねられ、国は米軍機の運航を規制、制限できる立場にない」としている。これは「第三者行為論」と呼ばれる。嘉手納を含む爆音訴訟はこの論法を一度も打ち崩せず、差し止めは門前払いされているのが現状だ。これは、前述の外務省や防衛省による、日米地位協定で規制せず米軍の自由な訓練を認める考え方と通じている。

一方、これまで被ってきた米軍機騒音に対する賠償金は、原告の増加に伴い増額の一途をたどっている。嘉手納爆音訴訟の確定判決では、一次で約一四億円、二次で約五六億円、三次で約二六一億円と訴訟を重ねるごとに増えている。いわば一向に収まらない爆音に対する「迷惑料」の意味合いがあるが、こうした賠償金は実際に騒音をまき散らす米軍機を運用する米軍側が支払っているわけではない。

日米地位協定第一八条は、米軍が事件・事故を起こした場合の民事補償について規定しているが、被害者の救済を保証する内容になっていない。その前提にあるのは、外国軍である米軍は基本的には、日本国内の住民の身体や財産に損害を与えた場合の損害賠償の義務が免除されているという、国際法上の主権免除原則だ。日米地位協定だけではなく、ＮＡＴＯに加盟する欧州諸国と米国が結ぶＮＡＴＯ軍地位協定など、ほとんどの米軍地位協定で同じように定められている。

日米地位協定において軍隊としての米軍は民事責任が免除されているが、個人としての米軍関係者には民事責任が認められている。公務外つまりプライベートで起こした事件・事故の場合、米軍関係者は日本の法律にもとづいて民事責任を負う。また、公務執行中つまり任務中に起こした事件・事故であっても、米軍関係者には一定の損害賠償の義務がある。

ややこしいのは、在日米軍の活動によって住民が被害を被ったとき、組織としての米軍の民事責任が日本の裁判で認められることがある。爆音訴訟はその典型だ。この場合には、米国ではなく日本政府が被害者からの損害賠償請求を処理する。米側は全国の爆音訴訟で、住民に対する賠償金の支払いを拒否している。

公務執行中の米軍関係者の行動についても同様である。米軍関係者の事件・事故に対する裁判が行われ、日本の裁判所が判決を下した場合に、判決の執行手続きにその米軍関係者は従う義務がない。日本政府が責任を持つ。日本政府が被害者に賠償金を支払った後、もし米側も責任を認めれば、第一八条に定められた分担比率に従って日本政府にお金を返す。

賠償金を分担したくない米軍側が、裁判で認定された責任を認めることを拒否する事態もしばしば起こる。日本政府はまず米側に責任を認めさせるための交渉で時間を要する。その結果、被害者への支払いが数年、数十年単位で遅れるのが現状だ。責任を認めるかどうかは米側に委ねられた規定となっていることが、こうした問題を引き起こしている。

訴えの根本的な原因である爆音はやまず、約四〇年求め続ける「静かな夜」はいまだ帰ってこない。「最初は何かが変わると期待したが、国は補償すればいいというような状態を許してしまっている」(砂辺住民)と、原告の間に「厭戦ムード」が広がっている。

近年は外来機も飛来

住民の苦悩をよそに、嘉手納基地の騒音は近年激化している。約一〇〇機の常駐機による訓練に加え、国内外の米軍基地に所属する「外来機」が代わる代わる飛来して訓練を繰り返すようになったからだ。

活発化する嘉手納基地について、日米両政府は嘉手納基地の常駐機の訓練の一部を二〇〇七年から日本本土に、一二年からはグアムに移転している。グアムへの訓練移転が始まった一二年二月には騒音発生回数が激減する効果もあり、日米両政府は「沖縄の基地負担軽減」をアピールする。だが、常駐機の訓練移転が始まった二〇〇七年以降、米国内の基地や米軍岩国飛行場などから外来機の飛来が日常化している。そのため、訓練移転効果が帳消しとなり、「政府の掲げる負担軽減と逆行している」（基地周辺住民）のが実態だ。

二〇一八年六月下旬に嘉手納基地の滑走路から約六〇〇メートルしか離れていない嘉手納町屋良地区を訪ねた。常駐機のＦ15戦闘機と外来機のＦ22ステルス戦闘機が相次いで飛び立つと、鼓膜を刺すような甲高い金属音が集落に響いた。原則として制限されているはずの早朝や夜間も訓練は繰り返され、屋良地区に住む高齢男性は「テレビの音も話し声も聞こえない。米軍機が墜落する度に不安なのに、日米両政府はこの状況をどう思っているのか」と上空をにらんでいた。

二〇一七年前後は特に外来機の飛来が頻繁にあった時期で、一七年五～八月にはF16戦闘機一二機、一一月～一八年五月にはF35A一二機が一時配備。五月にF35Aが帰還した直後にはF22が一四機飛来して訓練を続けた。外来機がいない期間の方が少ない。その間、一八年二～三月に常駐機のF15がグアムに移って訓練していたが、その効果はほとんど感じられないのが実情だった。防衛省は基地内外の一四地点に計測器を設置して米軍機による騒音を測定するが、一七年度に基地の外の測定で最も騒音発生回数が多い砂辺は同年度に一万八六七二回を記録した。これはグアムへの訓練移転があった一二年度以降で二番目に多い。一八年度以降は日本本土への訓練移転が進み、外来機の飛来も一七年より頻度は少なくなったためか、砂辺の騒音発生回数は約一万～一万六〇〇〇回で推移しているが、それでも一日に平均三〇回程度の騒音が発生していて依然として深刻だ。

嘉手納町議会は二〇一八年三月、「米軍の傍若無人な運用は受忍限度をはるかに超えている」とする抗議決議を全会一致で可決。議会からの抗議要請を受け嘉手納町の當山宏町長が抗議している。だが、一八年には米軍側は「私たちが受ける内容ではない」と面会を拒否したこともあった。當山町長は、「逆に負担増にしかなっていない。嘉手納基地は安全保障上の大きな要である基地なのだろうと思う。だから基地の一部でも還そうとしない。それだけ日米安保でも米軍の前線基地としても重要視している基地ではあると思う。だからと言って人間の権利を侵害するような運用がされていいのかというと全く違う」と憤っていた。

米軍関係者数の「実態」

国に土地と建物を売却して住民が転出した砂辺に、二〇〇〇年代から集落に流入してきたのが米軍関係者だ。本章冒頭で紹介した砂辺集落のほぼ中心にある馬場公園。真新しい遊具で米軍関係者の家族とみられる子どもたちが遊び、親たちが大きなベンチを陣取り談笑していた。一〇〇メートルほど離れた芝生の隅では、日本人の幼稚園児と引率教諭の集団がその様子を座って眺めていた。公園裏の海岸では上半身裸の外国人男性がランニングにいそしんでいた。

砂辺では多くの米軍関係者の姿が見られる。「多くの」というのは、どれだけ住んでいるか実際の数が分からないからだ。概数すら分からない。この章の冒頭で砂辺は約七〇〇〇人が住む集落だと述べた。だが、この数字に米軍関係者の人数は含まれていない。

米軍関係者は日米地位協定第九条により外国人登録が免除されている。自治体に住民登録する必要がないからだ。つまり、自分の地域内に米軍関係者が何人住んでいるか自治体は知ることができないのだ。

米軍側が「米兵の安全のため」という理由で一二年度を最後に米軍関係者の市町村別人数を、一四年度からは都道府県別の人数を公表しなくなったため、日本政府でさえも正確な人数を把握できていない。

ちなみに二〇一一年三月末時点で北谷町には一万九九七人の米軍関係者が住んでいて、うち基地の外に住んでいたのは四〇〇四人。居住者総数、基地外居住者数ともに沖縄市に次いで二番目に多かった。今さら何の意味もなさない数字だが。

せめてもの策として、北谷町は職員が米軍住宅のある三地区を訪ね、目視でマンションや平屋建て住宅一軒一軒数える「実態調査」をしている。二〇〇八年二〜三月調査で五五四棟一六四四戸、最新の一四年二〜三月調査で八五六棟二九二九戸と増加傾向にある。この数字のほぼ全てが砂辺だが、実際に住民の米軍関係者に聞き取りするわけではなく、住んでいるかどうかの確認は「米軍住宅と思われる建物のYナンバーの車両やAFN（テレビの米軍放送）アンテナ、表札、ゴミ出しの有無を外から確認している」（北谷町担当者）といい、何人が基地の外に住んでいるか実態は依然として不明だ。

「基地外基地」

米軍関係者たちが主に住んでいるのは、砂辺集落の海岸沿いにある「宇宮城」と呼ばれる地域だ。近くの海岸はマリンスポーツが楽しめる場所としても有名で、海岸通りから一区画奥に進んだあたりから「米軍住宅」と呼ばれる米軍関係者向けのアパートや一戸建てが軒を連ねるエリアがある。馬場公園を境に集落西側にあり、そこに足を踏み入れると「虫食い」だらけの集落が一変し、アメリカのホームドラマに出てきそうな米軍住宅街が広がる。シャッター付きのガレージにバーベキューセット。クリスマス用のイルミネーションが飾られている家もある。まったく別の街と言っていい。砂辺に限らず、基地の外の米軍関係者が住む地域というのはこういう光景が見られる。

ここはもともと海だった。砂辺区長を務めた松田正二さん(77)によると、一九七二年の沖縄の本土復帰前後に業者が開発のため不法に埋め立ててできた名もない土地だ。次第にそこはゴミや産業廃棄物、車両が捨てられる不法投棄地帯となっていた。二〇〇〇年に区長となった松田さんはこの土地に番地をつけるよう町に何度も要望した。「番地がつけば北谷町も目を向けざるを得なくなり、不法投棄もなくなるだろうと思った」からだ。

だが、不法投棄問題が改善されていく代わりに、二〇〇〇年代からこのエリアで米軍関係者向けのアパート建設が進んだ。最初は約二〇軒程度だったが、次第に増えていった。

基地内居住の米兵は門限があるため、一般的に米兵は基地の外に住みたがるという。米軍の住宅部門がこうしたニーズを吸い上げ、基地の外の不動産業者をリストアップする。大きいガレージ、オーブン付きキッチンなど米軍関係者が好む米国様式の設備を調えると、家賃価格は月二〇万～四〇万円にはね上がる。地元不動産業者によると、沖縄県内の基地周辺の物件は二〇一八年時点で五五〇〇～六八〇〇ほどあるが、中でも砂辺は嘉手納基地ゲートに近く、北谷町美浜地区の繁華街にも容易にアクセスでき、東シナ海が望めるため特に人気エリアだ。ほとんどの業者は稼働率が九割を超えるという。こうした需要から砂辺に多くの業者が参入し米軍住宅を建設していった結果、米軍関係者のコミュニティーが形成され、外国人でにぎわい砂辺の景色は変わっていった。松田さんは「民間地にも基地ができたようだ。基地外基地だ」と皮肉る。

行政サービスを住民が肩代わり

砂辺への米軍関係者の流入によって、しばしば住民間で摩擦が生じるようになった。深夜まで続くパーティーによる騒音、酔っ払った米兵が民家に入り込む。日本人住民が米軍のペットの大型犬にかまれたり、飼い主が道ばたや公園に落としたフンを片付けなかったりする。嘉手納基地ゲートに続く国道五八号につながる集落の道路は朝夕、米軍関係者の私有車で渋滞を起こしている。だが、こうした問題やトラブルとは比べものにならない生活問題がある。

前述した通り、基地外に住む米軍関係者は日米地位協定第九条で住民登録の義務を負わないため、本来なら北谷町に住む住民が支払うべき住民税を支払わない。住民は自治体に住民税を支払う見返りとして、その税金を原資とした自治体の住民サービスを提供される。だが、自治体には米軍関係者からの税収が入らない一方で、米軍関係者は住民が税金を納める対価として提供される行政サービスの恩恵をただで受ける不均衡な状態となっている。例えば、既に紹介した馬場公園。米軍関係者の子どもたちが使っていた遊具の改修費用は町税でまかなわれる。普段米軍関係者が通勤などで使う道路の補修もそうだ。ゴミ処理に関しては、米軍住宅を管理する不動産会社が個別に民間業者と契約して米軍関係者が住む地域のゴミの回収を委託。上下水道は、不動産業者が米軍関係者から徴収した料金を代わりに町に納める仕組みができている。しかし、ゴミ処理の場合は回収とは別に焼却費用が発生する。北谷町内で出たゴミは沖縄市、宜野湾市のゴミと共同のゴミ処理施設で焼却し、この焼却費用となる「負担金」をゴミの量に応じて三市町で折半する。負担金は町税からまかなうが、米軍関係者が出したゴミも町民が肩代わりする構図になっている。松田さんは「埋め立て地に番地をつけたことで開発が進み、結果的に基地外基地ができる余地を与えてしまった」と悔やむ。

これまで西海岸の字宮城にまとまっていた米軍住宅の建設は近年、空き地が目立つ砂辺集落にまで及んでいる。米軍住宅向けに改装して転居する住民もいるからだ。米軍住宅の「侵食」が進む集落をみつめ、松田さんは静かに言葉を絞り出した。

「出て行く人の中には「子どもを育てるのにこの地域で良いのか」と悩んだ末に決意した人もいる。出て行くことも子や孫を思ってのこと。近所の人に言うのがつらくて夜逃げみたいに出て行く人もいた。こういう思いをさせるのも嫌だわけさ。「砂辺が良いよ」と言っても出て行かざるを得ない。それを止めることはできない。だって砂辺の現実を知っているんだもの」

同じ集落に住みながら、住民と米軍関係者との間には不均衡な制度による隔たりが存在している。

「ネイティブ爆音世代」

ただ、爆音による集落の変化を見てきた高齢世帯とは少し違う受け止め方を持つ人もいる。若い世代はどう受け止めているかが気になり、宇宮城に住む大学生、座喜味瑠衣也さん(20)に話を聞いた。

「これ、オスプレイっすね。音で分かりますよ。エフ(常駐機のF15戦闘機)なんてこんなもんじゃないし、他のプロペラ機とも違う」

二〇二一年六月、夜の馬場公園のベンチで取材した際、上空を低くうなるような音を発して飛ぶ米軍機を見ずによどみなく答えた。夜空に目をこらすと、ちょうどこの時期に米軍横田基地から一時配備されていたCV22オスプレイと思われる機影が嘉手納基地の方向に飛んでいくのが見えた。

二〇〇〇年生まれの座喜味さんにとって、爆音下での生活は当たり前の日常だ。物心ついた時から周りには米軍関係者が住んでいた。

「小学生の頃は米兵の子どもとサッカーして遊んだし、ハロウィンの時は米軍関係者にお菓子を投げつけられたこともあった。ただ同じ地域に住む人ということで何の感情もないです」

夏と言われて思い浮かぶ景色は、青い空と飛行機雲、そしてそこをF15戦闘機が飛行する姿だという。先述した日米間で合意した騒音規制措置に反して米軍機が未明に飛ぶことはよくあることだが、それで起こされることはないという。

「爆音で起こされるおじい、おばあたちが怒る気持ちは分かる。ただ、自分は生まれた時からこんななんで、こんなもんかなって感じで何とも思わない。慣れっすね」

沖縄県北谷町砂辺区出身の
座喜味瑠衣也さん

そして自嘲気味にこう付け加えた。

「ネイティブ爆音世代ですから」

似ているな、と思った。私自身も生まれた時から近隣に普天間飛行場があり、基地と隣り合わせの生活が日常だった。米軍機が通る時は目を向けることはあるものの、遊びに夢中になれば気にならないこともある。自分にとっての沖縄国際大学米軍ヘリ墜落事故のように何かのきつかけがあれば別だが、なければ基地がある日常に疑問を持たない人も少なくはない。

座喜味さんがこうした状況が異常だと感じたのは、中学二年の修学旅行で九州に滞在したときのことだ。熊本県でたまたま乗ったタクシーの運転手からどこから来たのか尋ねられた。沖縄だと告げると「沖縄といえば基地があるね」と聞いてきた。ふと車窓から熊本の景色を見て「そういえばここは静かだな。これが普通なのか」と感じた。

「米軍機は飛ばない方が良いが、それよりきょうのご飯は何か、なんてことの方が気になる。はっきり言えばどうでもいいです」

達観しているというよりどこか冷めているなという印象を受けたが、そう言い切った後に「でも、本気で考えようとすると複雑なんですよね」と切り出した。

複雑な胸中の理由は、嘉手納基地の機能と沖縄周辺の安全保障環境にある。

日本と中国の間で領土問題となっている沖縄県の尖閣諸島周辺に中国船が連日航行する。近年は米中対立が大きくなり、台湾の防空識別圏に中国機の侵入が相次ぐ中で台湾有事の可能性も取り沙汰されている。座喜味さんはこうした中国の軍事拡大の抑止力として嘉手納基地が機能していると受け止める。

「常駐機の数や発着数に伴う爆音が日常に起きていることこそが、嘉手納が空から威力を示していると感じている。基地はないほうがいい、でも脅威はなくなるほうがいい。自分の中で妥協点を探しているところで明確な答えをすぐには出せないでいる」

同じ沖縄の基地とはいえ、座喜味さんの住む地域にある嘉手納基地と私の実家の近くにある普天間飛行場の状況は全く異なる。普天間飛行場は一九九六年に日米両政府が返還に合意し、現在は日本政府が名護市辺野古に代替施設の建設を進める。移設先の是非はあれど、普天間飛行場が返還されることは沖縄県民の中で共通認識といえよう。一方、沖縄県内基地の整理縮小計画で「嘉手納以南」と示されるように、嘉手納基地は返還のメドが立っていないのが現状だ。沖縄の基地問題をめぐる報道は、県内移設をめぐって政府と沖縄県との対立が深まる普天間飛行場についてのものが多く、それに比べると嘉手納基地が話題にのぼることは少ない。座喜味さんは嘉手納基地の問題が語られることが比較的少ないことに違和感を抱いていた。

沖縄県外に身を置くと分かるが、本土の人たちの多くはそもそも沖縄の基地に対する関心は薄い。本土の知人が私の実家を訪ねた時、普天間飛行場や国道五八号線沿いにあるキャンプ瑞《ず》慶覧《けらん》、嘉手納基地を目の当たりにし、「沖縄にこんなに多くの基地があるなんて知らなかった。しかも自宅のすぐ近くに」と驚いていた。実は太平洋戦争での敗戦後、日本が主権回復した一九五二年には沖縄より本土の米軍基地の面積の方が割合は多かった。だが、本土では独立を機に反基地運動の高まりを受けて基地が大幅に削減され、岐阜、静岡、山梨などの海兵隊部隊が、米軍統治下で米軍が基地を自由に使える沖縄に移された。知人は普段、かつて普天間に移った部隊がいた地域に住んでいるが、こうした歴史を知らなかったようだ。そのことをやんわりと伝えると何とも気まずい沈黙が生まれたことは言うまでもない。

沖縄県民が思うほど、沖縄の基地問題は本土では知られていないと感じる。全国的な話題になっている普天間飛行場移設問題は知られていても、沖縄にはその他にも多くの基地があることはあまり語られていないと思う。インターネット上ではしばしば、県内移設計画に反対する声に対して「基地がなくなると中国に攻められる」という意見も見られるが、沖縄には普天間飛行場以外にも嘉手納基地を始め、在日米軍占有施設の七割が沖縄に集中している。こうした事実は置き去りにされていると感じている。よく「沖縄の人は基地反対なんでしょ?」と聞かれることがあるが、一四年と一八年の沖縄知事選で選ばれた候補が反対の意思を示しているのはあくまで「普天間」の県内移設の問題だ。

沖縄県内にも「まずは(返還という共通認識のある)普天間飛行場の問題が先」という雰囲気があるのも確かだ。沖縄にある個別の基地について賛否が分かれるのは当然のことで、私の印象では、その筆頭格が極東最大の実戦基地である嘉手納基地だと思う。嘉手納基地は「軍事的に重要な拠点だから簡単には返らない」と、県民の意識の中でも嘉手納基地を固定化していると感じられるときもある。座喜味さんを含む砂辺の住民は、県内外で砂辺に見られる嘉手納基地の問題が忘れられていること、本土の人たちがこうした状況に関心を示してくれないことに強い違和感を受けている。

座喜味さんは大学で国際関係や基地問題について勉強を続けている。自分が過ごす砂辺の問題の解決策を少しでも見いだしたいと考えているからだ。「基地をなくした方がいいが、国防や外交になるとどうしたらいいのか今の自分には結論が出せない。でも、自分の中でケリはつけたいですよね」と模索している。「こんな砂辺でも僕は好きですよ。海は近いしきれいだし、騒音も僕は別に気にしてはいない。でも特に県外の人にはそれが当然の状況とは思われたくないですね。関心ないだろうなと思うけど、本当は来てもらって、こういうところに住んでいるという現状を知ってほしい」。

おわりにかえて

基地の島グアム

米領グアム島は兵庫県淡路島とほぼ同じ大きさで、沖縄県の約四分の一の面積しかない。車を飛ばせば二、三時間で、青と白のコントラストが美しい海を横目に島をふちどる舗装された道路を一周できる。

グアムでの運転は国際ライセンスがいらないが、左ハンドル・右通行なのでレンタカーを借りる日本人は多くない。プライベートビーチつきのホテルとショッピングモールが集中する中部のタモン地区で過ごす日本人を尻目に、自撮り棒を持って南部へドライブにくり出すのは、自国も左ハンドルの韓国人だ。

同じ左ハンドルの国でも中国の観光客はあまり見かけない。安全保障上の理由から、米政府が入国する中国人の数を規制しているのだという。というのも、グアムには米軍アンダーセン基地と米軍アプラ基地があるからだ。小さな島の主要部分を網羅する舗装道路は、実のところ観光客のためのものではない。グアム島の約三割を占拠する米軍が島内移動のためにつくったのである。

グアムは米領土の中で唯一、戦争で外国軍に占領された場所だ。一九四一年一二月八日、日本軍はハワイの真珠湾を奇襲攻撃した五時間後、グアム攻撃を開始。三一カ月にわたってこの島を占領した。米軍の戦死者約一四〇〇人に対し日本軍の戦死者は約二万人という激戦でグアムを奪還した米軍は、将来の必要のためという理由でこの島の軍事要塞化にとりかかる。最大時には、島の面積の約六割が米軍基地になった。

グアムの先住民であるチャモロ人は戦前、漁業や農業を営む自給自足の生活を送っていたが、米軍に土地を取り上げられたうえに米軍が持ち込んだ核兵器や化学兵器で海も汚され、米軍の雇用に依存して缶詰のポークランチョンミートなどを食べる生活に変わる。

環境汚染の責任をとらぬ米連邦政府

こうしたグアムの歴史を象徴する負の遺産が旧オードット基地だ。この基地は第二次世界大戦以前、グアムがアメリカの領土でありながら住民に市民権が与えられない海軍軍政時代に建設され、廃棄物の投棄場所となった。基地じたいは一九五〇年にグアム側に返還されたが、返還後もDDTや枯葉剤などの有害物質が投棄され、二〇一一年の閉鎖まで土壌汚染対策がとられないまま使用された。オードット基地の汚染物質は周辺の川に流出し、太平洋にまで流れ込んだ。

米環境保護庁(EPA)は二〇〇四年、オードットの汚染浄化作業の費用を負担するようグアム政府に命じる。グアム政府は同年、費用負担には同意しないものの浄化作業には同意した。一三年の作業開始後、浄化費用は四年間で二億ドル超に達する。EPAからあらためて費用負担を命じられたグアム政府は一七年、連邦政府と海軍を相手取って浄化費用の負担を求める訴訟にふみきった。

二〇一八年一〇月、米地裁はグアム政府が負担した基地跡地の浄化費用のうち一億六〇〇〇万ドルの支払いを連邦政府に命じる。ところが、二〇年二月の控訴審では、連邦政府の責任は〇七年に失効したとしてグアム政府の訴えが棄却された。最高裁は二一年五月に控訴審の判断を破棄したが、連邦政府がどの程度の費用負担に応じるかはまだ不明だ。

国防の名のもとに長年にわたって深刻な土壌・水質汚染を引き起こしながら、その責任をとらず、浄化費用の負担を被害者であるグアム側に押しつける連邦政府。ここに基地問題の本質がある。

それは、国民を守るために駐留しているはずの軍隊とその政策を決定する国が基地の近隣住民の生活や安全を脅かし、その責任をとらないというものだ。ここまで取り上げてきた日本全国の基地問題について、日米地位協定の不平等性を改善すれば解決する、米本国では住民の抗議の声を軍や国は無視できない、と主張する人たちがいるが、アメリカでも問題の本質は変わらないのが現実だ。

在沖海兵隊のグアム移転

一本でつながったグアムの舗装道路の一部は米軍基地の中にある。つまり、米軍だけが島のすべての道路を使える。ところが、近年まで舗装されていなかった道がある。北部の米政府自然保護区につながる道で、両側にひたすら空軍基地のフェンスが続くが、終着点が米軍には不要な自然保護区だったので整備されていなかった。

自然保護区には例えば、グアム固有種のチャモロ語でココ(英語でグアム・レイル)と呼ばれる鳥が生息している。沖縄固有種のヤンバルクイナと同じく飛べない鳥で地上に巣をつくる。

米軍が島外から持ち込んだブラウン・ツリー・スネイクという蛇がココ鳥の卵を食べ、絶滅させかけたことがあった。現在はグアム政府が、絶滅危惧種を保護するアメリカの法律にもとづいてココ鳥保護プロジェクトを実施、捕獲したココ鳥を繁殖させている。

ココ鳥などが住む自然保護区へと続く砂利道が舗装されたのは、自然保護区に隣接した実弾射撃場が建設されることになったためである。沖縄からグアムに移ってくる米海兵隊の訓練場だ。

日米両政府は二〇〇六年、米軍普天間飛行場(沖縄県)の同県名護市辺野古沿岸への移設完了を条件に、在沖海兵隊の司令部要員約八〇〇〇人と、その家族約九〇〇〇人のグアム移転に合意した。〇四年八月、普天間飛行場と隣り合う沖縄国際大学にイラク戦争への出撃訓練中の米軍ヘリが墜落・炎上、沖縄県の抗議を受けた小泉純一郎内閣がアメリカに対して「沖縄の負担軽減」を求めたことに伴う措置だ。

チャモロ人の若者たちは、一方的に決められた日米合意に怒りの声を上げた。グアムでは軍は貴重な就職先であり、一般家庭の水道や電気の供給も基地に依存している。だが、海兵隊用に新規接収予定の軍用地には、自然保護区内のチャモロ人の文化遺跡も含まれていた。グアムの人口の約一割にも相当する海兵隊関係者が移り住めば、ただでさえ脆弱な島内の水道と電気がもたないという危惧も加わり、現地の批判は高まった。

米議会も、移転費用の約六割を日本政府が負担するという日米合意を信用しなかった。〇八年にリーマンショックが起きると、議会はバラク・オバマ政権に対して軍事予算の削減を求める。そして、在沖海兵隊のグアム移転で米側が負担する軍用地の接収費用や水道などのインフラ整備費用が、実際には米軍の見積もりの倍以上になる恐れがあるとして、議会は関連予算を凍結した。さらにEPAも、海兵隊移転がグアムで引き起こす深刻な環境破壊を懸念し、計画の修正を要求した。

ただ、議会やEPAのこうした判断は、現地の民意がもたらした結果とはいいきれない。グアムは州ではない「未編入領土」であり、米大統領選挙の投票権や下院選出議員の議決権が認められておらず、政治的な配慮をする必要は必ずしもないからだ。あくまで予算管理や環境保護などの観点に沿ったものといえる。

米議会の予算凍結措置に直面して、民主党の野田佳彦内閣のもとで二〇一二年に新たな日米合意が結ばれる。その結果、辺野古移設の進展にかかわらず在沖海兵隊の戦闘部隊約四〇〇〇人をグアムに、その他五〇〇〇人と家族を米領ハワイ州やオーストラリア、東南アジアに分散するという内容に変わった。グアムに来る海兵隊とその家族は当初合意の約四分の一に減り、海兵隊の訓練場は新たに土地を接収するのではなく、アンダーセン基地の中につくられることになった。

ちなみに菅義偉官房長官(安倍晋三内閣)は二〇一八年一〇月の記者会見で、民主党政権のもとで「移設問題が迷走して進展しなかった。そのときに、米国の議会で、グアム移転事業にかかる資金支出が凍結された時期があった」としたうえで、安倍内閣が「目に見える形で(辺野古移設)工事を進めた結果、資金凍結は全面解除された」と説明した。先述の通り、在沖海兵隊のグアム移転をめぐる米国内の政治的動きはひとえに米側の事情によるものであり、菅氏の発言は「フェイクニュース」である。

とはいえ、海兵隊訓練場の建設予定地は自然保護区に隣接した崖の上にあり、訓練の騒音が動物の繁殖や産卵に悪影響を及ぼす恐れや、大量の流れ弾が土壌・水質汚染を引き起こす可能性が危惧されている。自然保護区から続く海岸は高級プライベートビーチだが、海兵隊が日常的に訓練を行うようになれば観光客は来なくなるといわれている。

水道水を飲まない宜野湾市民

私(山本)が二〇一三年から住んでいる沖縄県宜野湾市では、ウォーターサーバーの会社の看板がよく目につく。離島で輸送費が高いからか全国的に有名なブランドの名前はほとんど見当たらず県内企業が多いが、自宅に配達してもらっても月に一〇〇〇~二〇〇〇円と本土の約半額以下の価格で購入できる。スーパーマーケットで定型のボトルを買い、店内に備えつけられているウォーターサーバーの水を一〇〇円でつめるサービスも人気だ。

沖縄でウォーターサーバーの需要が高い理由の一つに県内の水道水が硬水で石灰を含んでいることがあるが、もう一つには米軍基地の存在がある。普天間飛行場周辺で生まれ育った同世代の友人は、幼少から水道水は飲まないように言われて育ったという。那覇市で生まれ育った別の友人は水道水を日常的に飲んでいたそうだ。

米軍基地が周辺の生活用水に大きな影響を与えていることが明らかになったのが、基地内で使用されている泡消火剤に含まれるPFOS・PFOAの流出の問題だ。消火剤の泡立ちを良くするために使われている有機フッ素化合物で、自然環境中ではきわめて分解されにくく、人の体内に入ると健康に深刻な影響を及ぼす可能性がある。国内の調査では、妊婦の血液中のPFOS・PFOA濃度が高いと、子どもが低体重で生まれる傾向があることが分かっており、アメリカでの調査では、胎児への影響のほか精巣がんや腎細胞がん、甲状腺疾患などとの関連性が確認されている。

二〇一八年一一月の沖縄県の調査によって、在沖米軍基地周辺の河川や浄水場など計一五地点でPFOS・PFOAが高濃度で検出された。米軍基地による環境汚染は長年認識されてきたが、沖縄県民の生活用水が汚染されている実態があらためて示された。

ちなみに、環境省が二〇一九年に行ったPFOS・PFOAによる国内汚染状況調査では東京、千葉、埼玉、神奈川、愛知、京都、三重、大阪、兵庫、奈良、福岡、大分、沖縄の三七地点で国内の水質管理目標値の超過が確認された。米軍横田基地のある東京都内だけでも府中、調布、立川、渋谷などでPFOS・PFOAの合算値で一リットル当たり五〇ナノグラムという水質管理目標値を大きく上回っており、一番汚染がひどかった大阪府摂津市では一一五六・六ナノグラム／リットルとなった。摂津市の場合、流出源は淀川沿いに立つダイキン工業の工場だった。

環境省調査を見るかぎり、PFOS・PFOAによる生活用水の汚染は米軍基地だけに起因するわけではない。だが、問題はほかにある。摂津市ではダイキン工業に対する行政指導が行われ、二〇一六年初頭から製造工程におけるPFOAの使用は全廃されている。PFOSは一八年に国内での製造・輸入が全面的に禁止され、PFOAも二一年一〇月から禁止の対象となった。こうした中で、在日米軍は日米地位協定を理由に行政の調査や問い合わせに応じず、さらにはPFOS・PFOAを含む汚染水の大規模な放出を強行するなどしているのだ。

相次ぐ在沖米軍基地の汚染水流出

日米地位協定第三条は米軍に基地の排他的管理権を認めており、第四条は原状回復義務を免除している。そのため、在日米軍は沖縄県からの問い合わせに「内部調査中」との回答を繰り返し、県による基地内への立入調査には応じないことが多い。沖縄の本土復帰後、県は年一回の基地に立ち入っての環境調査が認められてきたが(本土の米軍基地では環境庁/省が実施)、日米環境補足協定の調印に日米両政府が合意した二〇一四年度からは協定に定期調査に関する規定がないのを盾に、それも米軍から拒否されている。この前年、沖縄県は嘉手納基地内にある井戸群などで高濃度のPFOSを確認していた。

二〇二〇年四月には普天間飛行場にて、コロナ感染対策で倉庫に隔離されていた海兵隊員たちがバーベキューをしていたところ消火設備が誤作動し、PFOSを含む大量の泡消火剤が民間地に漏出する事故が発生。二一年六月にはうるま市の米軍貯油施設で、貯水槽に保管していたＰＦＯＳ・ＰＦＯＡを含む汚染水が大雨であふれて基地外へ漏出した。どちらの事故でも米軍は後日、国と自治体に汚染調査のための基地立入りを認めたが、汚染水やそれが染み込んだ土壌などを撤去したうえでの措置だった。

さらに、二〇二一年八月には再び普天間飛行場にて、訓練で使用した後に六つの貯水槽で保管されていた汚染水を海兵隊が下水道に流出する。海兵隊は従来、専門業者に委託して焼却処分していたが、費用がかさむことを理由に独自の処理を施して日本の安全基準値内に汚染濃度を下げると主張。事前に打診された日本政府と県が反対し協議を行っていた最中に、台風が来て汚染水があふれる危険があり急ぐ必要があると六万四〇〇〇リットルを放出した。これは一般的なドラム缶三二〇本分に当たる。

直後に宜野湾市が下水から採取した水からは、水質管理目標値の一三・四倍に当たる六七〇ナノグラム／リットルものＰＦＯＳ・ＰＦＯＡが検出された。結局、ドラム缶一八〇〇本分に相当する残りの汚染水三六万リットルはすべて防衛省が引き取り、約九二〇〇万円（見込み）もの費用をかけて焼却処分することになった。

日本政府は、本来は米側の自己負担で汚染水処理を実施すべきで今回の対応は「緊急的な暫定措置」だと強調するが、先例ができたことで今後も日本側負担での処理が慣例化するのではないか。

問題は日米地位協定？

沖縄県は一九九五年から日米両政府に日米地位協定の見直しを求める中で、米軍に環境保全を義務づけることや国内の環境法令の適用、環境汚染の際の原状回復義務を課すことなどを要請してきた。では、仮にこれが実現すれば米軍基地による環境汚染はなくなるのだろうか。残念ながらその可能性は低い。

ドイツの例を見てみよう。同国は一九九三年にNATO軍地位協定の補足協定を改定し、国内法にもとづく環境保全原則の導入と、基地内での環境汚染や駐留軍の活動が記念物・自然保護区に及ぼす影響などを調査するための立入りが認められた。しかし、ドイツ側は他国軍の駐留施設の調査を行って環境対策の是正を勧告することはできるが、それを強制することはできない。

また、NATO軍基地の管理を担当するドイツ連邦不動産局は、基地「内」の環境汚染に関する浄化作業の費用は負担するが、基地「内」から基地「外」への汚染物質の流出の結果生じた環境汚染に関しては管轄外だとして、浄化作業の費用負担を拒否し、基地のある州・自治体政府と対立してきた。ドイツの事例を見ても日米地位協定の見直しが解決策になるとはいえないのが実情だ。

国民を守るために駐留しているはずの軍隊が基地の近隣住民の生活や安全を脅かし、その責任をとらないのはなぜか。一言でいえば、戦闘を想定して日々訓練を行う軍隊の行動様式は、日常における安全や平穏を求める住民の生活とは根本的に相いれないからだ。一例をあげると、戦闘機の騒音が激しいのは、静かに飛ぶという発想が戦闘とは無関係であり設計に入っていないためだ。

そのため、日本政府は戦後一貫して米軍基地を本土から沖縄へ、首都圏から地方へ、都市から過疎地へと移し、人口の多い地域から遠ざけることによって基地問題を「解決」してきた。よって、本書の舞台は米軍厚木基地(神奈川県)をのぞいて地方にあり、普天間飛行場をのぞいて地方の中でも人口の少ない地域である。首都圏にある厚木基地は空母艦載機部隊の移転が実現し、人口密集地域にある普天間飛行場は返還が決まっている(ただしいつ実現するかは不明だ)が、それ以外の場所でこうした政治的解決が図られる見込みはいまのところない。人口の少ない地域に基地が集中するほど、日米地位協定の問題を大多数の日本人が考える必要に迫られなくなり、関心を抱かなくなった結果だ。

一九六〇年の安保改定から、日米地位協定が一度も改定されることなく今日に至っている根源には、こうした大多数の日本人の「地理的優位性」がある。問題を解決するためには、まず、安全保障上の負担を辺境に押しつけることで事足れりとする政治の発想を変えるところから始めなければならない。

二〇二一年四月

山本章子

資料　在日米軍施設・区域一覧(共同使用施設を含む)

施設・区域名	用途	所在地	面積①(千 m^2)	面積②(千 m^2)
キャンプ千歳	通信	北海道千歳市	4,274	4,263
東千歳駐屯地	演習場	北海道千歳市	81	0
北海道・千歳演習場	演習場	北海道恵庭市・千歳市・札幌市・北広島市	92,288	0
千歳飛行場	飛行場	北海道千歳市・苫小牧市・幌泉郡えりも町	2,584	0
別海矢臼別大演習場	演習場	北海道野付郡別海町・厚岸郡厚岸町・厚岸郡浜中町	168,178	0
釧路駐屯地	兵舎	北海道釧路郡釧路町	26	0
鹿追駐屯地	演習場	北海道河東郡鹿追町	59	0
上富良野中演習場	演習場	北海道空知郡上富良野町・空知郡中富良野町・富良野市	34,688	0
札幌駐屯地	演習場	北海道札幌市	8	0
鹿追然別中演習場	演習場	北海道河東郡鹿追町	32,832	0
帯広駐屯地	演習場	北海道帯広市	757	0
旭川近文台演習場	演習場	北海道旭川市	1,416	0
丘珠駐屯地	その他	北海道札幌市	2	0
名寄演習場	演習場	北海道名寄市	1,734	0
滝川演習場	演習場	北海道滝川市・樺戸郡新十津川町	1,367	0
美幌訓練場	演習場	北海道網走郡美幌町	2,269	0
倶知安高嶺演習場	演習場	北海道虻田郡倶知安町	928	0
遠軽演習場	演習場	北海道紋別郡遠軽町	1,082	0
三沢飛行場	飛行場	青森県三沢市・八戸市・上北郡東北町・むつ市	15,968	5,181
八戸貯油施設	倉庫	青森県八戸市・三沢市・上北郡おいらせ町	173	1
三沢対地射爆撃場	演習場	青森県三沢市・上北郡	7,655	7,655

		六ヶ所村		
仙台駐屯地	演習場	宮城県仙台市	51	0
八戸駐屯地	兵舎	青森県八戸市	53	0
岩手岩手山中演習場	演習場	岩手県滝沢市・八幡平市	23,264	0
大和王城寺原大演習場	演習場	宮城県加美郡色麻町・黒川郡大和町・黒川郡大衡村	45,377	0
霞の目飛行場	飛行場	宮城県仙台市・岩沼市	260	0
青森小谷演習場	演習場	青森県青森市	3,183	0
弘前演習場	演習場	青森県中津軽郡西目屋村・弘前市	4,904	0
神町大高根演習場	演習場	山形県村山市・東根市	1,308	0
車力通信所	通信	青森県つがる市	135	0
赤坂プレス・センター	事務所	東京都港区	27	0
横田飛行場	飛行場	東京都福生市・西多摩郡瑞穂町・武蔵村山市・羽村市・立川市・昭島市，埼玉県狭山市	7,139	138
府中通信施設	通信	東京都府中市	17	0
多摩サービス補助施設	その他	東京都稲城市・多摩市	1,948	0
木更津飛行場	飛行場	千葉県木更津市	2,095	2,066
キャンプ朝霞	兵舎	埼玉県和光市	118	0
所沢通信施設	通信	埼玉県所沢市	966	0
入間飛行場	その他	埼玉県入間市・狭山市	4	0
大和田通信所	通信	埼玉県新座市・清瀬市	1,198	0
硫黄島通信所	通信	東京都小笠原村	6,630	114
ニューサンノー米軍センター	その他	東京都港区	7	0
高田関山演習場	演習場	新潟県妙高市・上越市	14,080	0
百里飛行場	飛行場	茨城県小美玉市	1,089	0
相馬原演習場	演習場	群馬県高崎市・北群馬郡榛東村	5,796	0
朝霞駐屯地	演習場	埼玉県朝霞市・和光市・新座市	17	0
羽田郵便管理事務所	事務所	東京都大田区	建物のみ	0

根岸住宅地区	住宅	神奈川県横浜市	429	0
横浜ノース・ドック	港湾	神奈川県横浜市	524	建物のみ
キャンプ座間	事務所	神奈川県相模原市・座間市	2,292	170
厚木海軍飛行場	飛行場	神奈川県綾瀬市・大和市	5,056	1,076
相模総合補給廠	工場	神奈川県相模原市	1,967	0
池子住宅地区及び海軍補助施設	住宅	神奈川県逗子市・横浜市	2,884	0
吾妻倉庫地区	倉庫	神奈川県横須賀市	802	254
横須賀海軍施設	港湾	神奈川県横須賀市	2,363	46
相模原住宅地区	住宅	神奈川県相模原市	593	0
長坂小銃射撃場	演習場	神奈川県横須賀市	97	0
浦郷倉庫地区	倉庫	神奈川県横須賀市	194	0
富士営舎地区	兵舎	静岡県御殿場市	1,177	47
鶴見貯油施設	倉庫	神奈川県横浜市	184	0
沼津海浜訓練場	演習場	静岡県沼津市	28	28
富士演習場	演習場	山梨県富士吉田市・南都留郡山中湖村，静岡県御殿場市・駿東郡小山町・裾野市	133,925	0
滝ヶ原駐屯地	演習場	静岡県御殿場市	8	0
岐阜飛行場	その他	岐阜県各務原市	1,626	0
小松飛行場	飛行場	石川県小松市・輪島市，京都府京丹後市	1,606	0
今津饗庭野中演習場	演習場	滋賀県高島市	24,085	0
伊丹駐屯地	演習場	兵庫県川西市・伊丹市	20	0
経ヶ岬通信所	通信	京都府京丹後市	36	0
福知山射撃場	演習場	京都府福知山市	55	0
秋月弾薬庫	倉庫	広島県江田島市	559	0
川上弾薬庫	倉庫	広島県東広島市	2,604	0
広弾薬庫	倉庫	広島県呉市	359	0
岩国飛行場	飛行場	山口県岩国市，広島県大竹市	8,648	5,615
祖生通信所	通信	山口県岩国市	24	0
呉第六突堤	港湾	広島県呉市	14	0
第一術科学校訓練施設	演習場	広島県江田島市	建物のみ	0

資料　在日米軍施設・区域一覧

原村演習場	演習場	広島県東広島市	1,687	0
日本原中演習場	演習場	岡山県勝田郡奈義町・津山市	18,844	0
美保飛行場	飛行場	鳥取県境港市・米子市	778	0
灰ヶ峰通信施設	通信	広島県呉市	1	0
板付飛行場	飛行場	福岡県福岡市	509	0
佐世保海軍施設	港湾	長崎県佐世保市	496	11
佐世保ドライ・ドック地区	港湾	長崎県佐世保市	83	27
赤崎貯油所	倉庫	長崎県佐世保市	754	0
佐世保弾薬補給所	倉庫	長崎県佐世保市	582	0
庵崎貯油所	倉庫	長崎県佐世保市	227	45
横瀬貯油所	倉庫	長崎県西海市	679	0
針尾島弾薬集積所	倉庫	長崎県佐世保市	1,297	48
立神港区	港湾	長崎県佐世保市	135	28
新田原飛行場	飛行場	宮崎県児湯郡新富町	1,833	0
崎辺小銃射撃場	演習場	長崎県佐世保市	建物のみ	0
崎辺海軍補助施設	倉庫	長崎県佐世保市	129	0
針尾住宅地区	住宅	長崎県佐世保市	354	0
日出生台・十文字原演習場	演習場	大分県玖珠郡玖珠町・玖珠郡九重町・由布市・別府市・速見郡日出町・杵築市・大分市	56,317	0
築城飛行場	飛行場	福岡県行橋市・築上郡築上町・春日市	906	0
大村飛行場	その他	長崎県大村市	建物・工作物のみ	0
大矢野原・霧島演習場	演習場	熊本県上益城郡山都町，宮崎県えびの市，鹿児島県姶良郡湧水町	26,965	0
北熊本駐屯地	演習場	熊本県熊本市	21	0
健軍駐屯地	演習場	熊本県熊本市	39	0
鹿屋飛行場	飛行場	鹿児島県鹿屋市	490	0
北部訓練場	演習場	沖縄県国頭郡国頭村・国頭郡東村	36,590	0
奥間レスト・センター	その他	沖縄県国頭郡国頭村	546	0
伊江島補助飛行場	演習場	沖縄県国頭郡伊江村	8,015	0

八重岳通信所	通信	沖縄県名護市・国頭郡本部町	37	1
キャンプ・シュワブ	演習場	沖縄県名護市・国頭郡宜野座村	20,626	7,077
辺野古弾薬庫	倉庫	沖縄県名護市	1,214	0
キャンプ・ハンセン	演習場	沖縄県国頭郡金武町・国頭郡宜野座村・国頭郡恩納村・名護市	48,728	39,383
金武レッド・ビーチ訓練場	演習場	沖縄県国頭郡金武町	14	0
金武ブルー・ビーチ訓練場	演習場	沖縄県国頭郡金武町	381	0
嘉手納弾薬庫地区	倉庫	沖縄県中頭郡読谷村・沖縄市・中頭郡嘉手納町・国頭郡恩納村・うるま市	26,584	112
天願桟橋	港湾	沖縄県うるま市	31	0
キャンプ・コートニー	兵舎	沖縄県うるま市	1,339	0
キャンプ・マクトリアス	兵舎	沖縄県うるま市	379	0
キャンプ・シールズ	兵舎	沖縄県沖縄市	700	0
トリイ通信施設	通信	沖縄県中頭郡読谷村	1,895	0
嘉手納飛行場	飛行場	沖縄県中頭郡嘉手納町・沖縄市・中頭郡北谷町・那覇市・糸満市	19,855	23
キャンプ桑江	兵舎	沖縄県中頭郡北谷町	675	0
キャンプ瑞慶覧	兵舎	沖縄県中頭郡北谷町・中頭郡北中城町・宜野湾市・沖縄市・うるま市	5,341	0
泡瀬通信施設	通信	沖縄県沖縄市	552	0
ホワイト・ビーチ地区	港湾	沖縄県うるま市	1,568	219
普天間飛行場	飛行場	沖縄県宜野湾市	4,758	0
牧港補給地区	倉庫	沖縄県浦添市	2,676	0
那覇港湾施設	港湾	沖縄県那覇市	559	3
陸軍貯油施設	倉庫	沖縄県うるま市・中頭郡北谷町・中頭郡嘉手	1,277	10

資料　在日米軍施設・区域一覧

		納町・沖縄市・宜野湾市		
鳥島射爆撃場	演習場	沖縄県島尻郡久米島町	41	0
出砂島射爆撃場	演習場	沖縄県島尻郡渡名喜村	245	245
久米島射爆撃場	演習場	沖縄県島尻郡久米島町	2	0
津堅島訓練場	演習場	沖縄県うるま市	16	0
黄尾嶼射爆撃場	演習場	沖縄県石垣市	874	0
赤尾嶼射爆撃場	演習場	沖縄県石垣市	41	0
沖大東島射爆撃場	演習場	沖縄県島尻郡北大東村	1,147	1,147
浮原島訓練場	演習場	沖縄県うるま市	254	0
那覇飛行場	その他	沖縄県那覇市	7	0
全国計	132 施設・区域		980,292	75,034
本土(沖縄以外)計	99 施設・区域		793,321	26,813
沖縄計	33 施設・区域		186,972	48,221

出所：令和 3 年版『防衛白書』
注 1：日米地位協定第 2 条第 1 項(a)及び同協定第 2 条第 4 項(b)に基づき米軍が使用している施設・区域(日本側共同使用含む)の一覧
注 2：面積①は、米軍が使用する施設・区域の全体面積．面積②は，面積①のうち，日米地位協定第 2 条第 4 項(a)に基づき自衛隊が一時的に使用している面積
注 3：2021 年 1 月 1 日現在の数字

山本章子

1979年生まれ．琉球大学人文社会学部国際法政学科准教授．一橋大学大学院社会学研究科博士課程修了．博士(社会学)．専攻は国際政治史．著書に『米国と日米安保条約改定』(吉田書店，猪木正道賞奨励賞受賞)，『米国アウトサイダー大統領』(朝日選書)，『日米地位協定』(中公新書，沖縄研究奨励賞・石橋湛山賞受賞) など．

宮城裕也

1987年生まれ．沖縄県宜野湾市出身．毎日新聞記者．沖縄国際大学卒業後，2011年に毎日新聞に入社．青森支局を経て西部報道部(北九州)に所属．米軍・自衛隊基地や安全保障の問題を取材している．

日米地位協定の現場を行く
—「基地のある街」の現実　　岩波新書(新赤版)1928

2022年5月20日　第1刷発行
2022年8月25日　第2刷発行

著　者　山本章子《やまもとあきこ》　宮城裕也《みやぎひろや》

発行者　坂本政謙

発行所　株式会社 岩波書店
〒101-8002 東京都千代田区一ツ橋2-5-5
案内 03-5210-4000　営業部 03-5210-4111
https://www.iwanami.co.jp/

新書編集部 03-5210-4054
https://www.iwanami.co.jp/sin/

印刷・理想社　カバー・半七印刷　製本・中永製本

ISBN 978-4-00-431928-3　　Printed in Japan

岩波新書新赤版一〇〇〇点に際して

ひとつの時代が終わったと言われて久しい。だが、その先にいかなる時代を展望するのか、私たちはその輪郭すら描きえていない。二〇世紀から持ち越した課題の多くは、未だ解決の緒を見つけることのできないままであり、二一世紀が新たに招きよせた問題も少なくない。グローバル資本主義の浸透、憎悪の連鎖、暴力の応酬——世界は混沌として深い不安の只中にある。

現代社会においては変化が常態となり、速さと新しさに絶対的な価値が与えられた。消費社会の深化と情報技術の革命は、種々の境界を無くし、人々の生活やコミュニケーションの様式を根底から変容させてきた。ライフスタイルは多様化し、一面では個人の生き方をそれぞれが選びとる時代が始まっている。同時に、新たな格差が生まれ、様々な次元での亀裂や分断が深まっている。社会や歴史に対する意識が揺らぎ、普遍的な理念に対する根本的な懐疑や、現実を変えることへの無力感がひそかに根を張りつつある。そして生きることに誰もが困難を覚える時代が到来している。

しかし、日常生活のそれぞれの場で、自由と民主主義を獲得し実践することを通じて、私たち自身がそうした閉塞を乗り超え、希望の時代の幕開けを告げてゆくことは不可能ではあるまい。そのために、いま求められていること——それは、個と個の間で開かれた対話を積み重ねながら、人間らしく生きることの条件について一人ひとりが粘り強く思考することではないか。その営みの糧となるものが、教養に外ならないと私たちは考える。歴史とは何か、よく生きるとはいかなることか、世界そして人間はどこへ向かうべきなのか——こうした根源的な問いとの格闘が、文化と知の厚みを作り出し、個人と社会を支える基盤としての教養となった。まさにそのような教養への道案内こそ、岩波新書が創刊以来、追求してきたことである。

岩波新書は、日中戦争下の一九三八年一一月に赤版として創刊された。創刊の辞は、道義の精神に則らない日本の行動を憂慮し、批判的精神と良心的行動の欠如を戒めつつ、現代人の現代的教養を刊行の目的とする、と謳っている。以後、青版、黄版、新赤版と装いを改めながら、合計二五〇〇点余りを世に問うてきた。そして、いままた新赤版が一〇〇〇点を迎えたのを機に、人間の理性と良心への信頼を再確認し、それに裏打ちされた文化を培っていく決意を込めて、新しい装丁のもとに再出発したいと思う。一冊一冊から吹き出す新風が一人でも多くの読者の許に届くこと、そして希望ある時代への想像力を豊かにかき立てることを切に願う。

（二〇〇六年四月）

政治

- 「オピニオン」の政治思想史　堤林剣・堤林恵
- 戦後政治史〔第四版〕　石川真澄・山口二郎
- 尊厳　マイケル・ローゼン　内尾太一・峯陽一 訳
- デモクラシーの整理法　空井護
- 地方の論理　小磯修二
- SDGs　南博・稲場雅紀
- 暴君　スティーブン・グリーンブラット　河合祥一郎 訳
- ドキュメント 強権の経済政策　軽部謙介
- リベラル・デモクラシーの現在　樋口陽一
- 民主主義は終わるのか　山口二郎
- 女性のいない民主主義　前田健太郎
- 平成の終焉　原武史
- 日米安保体制史　吉次公介
- 官僚たちのアベノミクス　軽部謙介
- 在日米軍 変貌する日米安保体制　梅林宏道
- 矢内原忠雄 戦争と知識人の使命　赤江達也
- 憲法改正とは何だろうか　高見勝利
- 共生保障〈支え合い〉の戦略　宮本太郎
- シルバー・デモクラシー 戦後世代の覚悟と責任　寺島実郎
- 憲法と政治　青井未帆
- 18歳からの民主主義◆　岩波新書編集部 編
- 検証 安倍イズム　柿崎明二
- 右傾化する日本政治　中野晃一
- 外交ドキュメント 歴史認識◆　服部龍二
- 日米〈核〉同盟 原爆、核の傘、フクシマ　太田昌克
- 集団的自衛権と安全保障　豊下楢彦・古関彰一
- 日本は戦争をするのか　半田滋
- アジア力の世紀　進藤榮一
- 民族紛争　月村太郎
- 自治体のエネルギー戦略　大野輝之
- 政治的思考　杉田敦
- 現代日本の政党デモクラシー　中北浩爾
- サイバー時代の戦争　谷口長世
- 現代中国の政治　唐亮
- 政権交代とは何だったのか◆　山口二郎
- 日本の国会　大山礼子
- 戦後政治史〔第三版〕　石川真澄・山口二郎
- 〈私〉時代のデモクラシー　宇野重規
- 生活保障 排除しない社会へ　宮本太郎
- 大臣〔増補版〕　菅直人
- 「戦地」派遣 変わる自衛隊　半田滋
- 民族とネイション　塩川伸明
- 昭和天皇　原武史
- 集団的自衛権とは何か　豊下楢彦
- 沖縄密約　西山太吉
- 吉田茂　原彬久
- 市民の政治学◆　篠原一
- 東京都政　佐々木信夫
- 有事法制批判　憲法再生フォーラム 編

岩波新書より

日本政治 再生の条件	山口二郎編著
安保条約の成立	豊下楢彦
沖縄 平和の礎	大田昌秀
岸 信介	原 彬久
近代政治思想の誕生	佐々木毅
一九六〇年五月一九日	日高六郎編
人間と政治◆	南原 繁
非武装国民抵抗の思想	宮田光雄
日本の政治風土	篠原 一
近代の政治思想	福田歓一
戦争と気象	荒川秀俊

(2021.10)

◆は品切，電子書籍版あり．(A2)

法律

少年法入門　廣瀬健二
倒産法入門　伊藤眞
国際人権入門　申惠丰
AIの時代と法　小塚荘一郎
労働法入門〔新版〕　水町勇一郎
アメリカ人のみた日本の死刑　デイビッド・T・ジョンソン　笹倉香奈訳
虚偽自白を読み解く　浜田寿美男
親権と子ども　榊原富士子　池田清貴
裁判の非情と人情　原田國男
独占禁止法〔新版〕　村上政博
密着 最高裁のしごと　川名壮志
「法の支配」とは何か 行政法入門　大浜啓吉
会社法入門〔新版〕　神田秀樹
憲法への招待〔新版〕　渋谷秀樹
比較のなかの改憲論　辻村みよ子
大災害と法　津久井進
変革期の地方自治法　兼子仁
原発訴訟　海渡雄一
民法改正を考える◆　大村敦志
労働法入門◆　水町勇一郎
人が人を裁くということ　小坂井敏晶
知的財産法入門　小泉直樹
消費者の権利〔新版〕　正田彬
司法官僚 裁判所の権力者たち　新藤宗幸
名誉毀損　山田隆司
刑法入門　山口厚
家族と法　二宮周平
会社法入門◆　神田秀樹
憲法とは何か　長谷部恭男
良心の自由と子どもたち　西原博史
著作権の考え方　岡本薫
法とは何か〔新版〕　渡辺洋三
日本の憲法〔第三版〕　長谷川正安
憲法と天皇制　横田耕一
自由と国家　樋口陽一
憲法第九条　小林直樹
日本人の法意識　川島武宜
憲法講話◆　宮沢俊義

(2021.10)　◆は品切，電子書籍版あり．(B)